关键期关键帮助系列

# 如何教出**好性格**的孩子

培养孩子的安全感、自信心及乐观主义精神

［意］妮席娅·拉尼亚多 ◎ 著　杨苏华 ◎ 译

北京理工大学出版社

版权专有　侵权必究

**图书在版编目(CIP)数据**

如何教出好性格的孩子：培养孩子的安全感、自信心及乐观主义精神 /（意）妮席娅·拉尼亚多著；杨苏华译. —北京：北京理工大学出版社，2019.10

（关键期关键帮助系列）

ISBN 978-7-5682-7473-9

Ⅰ.①如… Ⅱ.①妮… ②杨… Ⅲ.①儿童教育—家庭教育 ②儿童—性格—培养 Ⅳ.① G781 ② B844.1

中国版本图书馆 CIP 数据核字 (2019) 第 178050 号

北京市版权局著作权合同登记号 图字 01–2019–4700

© Il Castello S.r.l., Milano 71/73 12-20010 Cornaredo (Milano), Italia plus date of first publication and the title of the Work in Italian

The simplified Chinese translation rights arranged through Rightol Media （本书中文简体版权经由锐拓传媒取得 Email:copyright@rightol.com）

| | |
|---|---|
| 出版发行 / | 北京理工大学出版社有限责任公司 |
| 社　　址 / | 北京市海淀区中关村南大街 5 号 |
| 邮　　编 / | 100081 |
| 电　　话 / | （010）68914775（总编室） |
| | （010）82562903（教材售后服务热线） |
| | （010）68948351（其他图书服务热线） |
| 网　　址 / | http://www.bitpress.com.cn |
| 经　　销 / | 全国各地新华书店 |
| 印　　刷 / | 三河市华骏印务包装有限公司 |
| 开　　本 / | 880 毫米 × 1230 毫米　1/32 |
| 印　　张 / | 5.5 |
| 字　　数 / | 110 千字 |
| 版　　次 / | 2019 年 10 月第 1 版　2019 年 10 月第 1 次印刷 |
| 定　　价 / | 39.80 元 |

责任编辑 / 朱　喜
文案编辑 / 朱　喜
责任校对 / 周瑞红
责任印制 / 施胜娟

图书出现印装质量问题，请拨打售后服务热线，本社负责调换

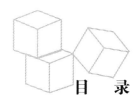

# 目　录

**第一章**
**冲浪家的智慧** / 1
　　当孩子把一颗小石子看作一座大山　/4
　　乐观主义是可以培养的　/5

**第二章**
**看待世界的态度** / 7
　　如何判断孩子是否有缺乏信心的倾向？　/10
　　乐观态度的特征　/13
　　女性悲观主义与男性悲观主义　/17

## 第三章

### 信心缺乏是如何造成的？ / 19

　　不幸、观念与结果 /22
　　解读方式的问题 /24
　　"错误"的想法是这样产生的 /25
　　调查问卷——你的孩子不自信吗？ /34

## 第四章

### 如何培养孩子坚毅的品格？ / 41

　　何谓"韧性" /43
　　是什么原因造成孩子应对压力的方式不同？ /44
　　"韧性"是天生的还是后天形成的？ /47
　　只需要一个支点，孩子就能重新振作 /49
　　测试：我的"韧性"有多大？ /50

## 第五章

### 新时代父母更注重培养孩子的自信自主能力 / 55

　　时代的变化 /58
　　如何培养孩子的自信和自主能力 /58

## 第六章

### 父母的语气和态度里面大有文章 / 75

　　我们的态度是如何影响孩子情绪的 /78
　　"镜像技巧"让亲子沟通更顺畅 /82

目 录

三个原则帮助孩子了解自己内心真实的想法 /85

## 第七章
## 如何培养乐观向上的孩子 / 89

给孩子更多积极的信息 /94
给孩子积极的反馈 /95
眼神里充满无条件的爱 /96
寻找乐观的选项 /99
四个建议 /100

## 第八章
## 假榜样 / 109

幻象的魔盒 /112
认知信念与无上命令 /114

## 第九章
## 童年早期记忆的重要性 / 121

如何引导孩子把噩梦变成美妙的冒险经历 /126
和孩子玩一些扩展思维、丰富视角的游戏 /128

## 第十章
## 如果生活中遭遇了糟糕的事…… / 135

什么可以说，说多少；什么时候说，怎么说 /137

如何让孩子安心 /141
　　对战争的看法 /143
　　保护孩子的四项原则 /145

## 第十一章
## 如何向孩子讲述最大的不幸 / 149

　　帮助孩子理解死亡 /152
　　引导孩子克服焦虑 /156
　　让孩子安心的仪式 /161

**参考书目** / 163

第一章

# 冲浪家的智慧

海浪来临时，我们不能正面冲击，应该学会如何顺势驾驭。这是冲浪家给我们的建议。因为如果逆着浪头猛冲直撞，海浪会把冲浪板掀翻，你就有被卷走和溺水的危险。相反，如果能学会如何驾驭，海浪就能将你带到高处，那一刻你会感觉仿佛登上了世界的顶峰，借助大海强有力的起伏，你会到达从未想象过的远方。

这个冲浪的比喻，可以十分恰当地形容我们在生活中所遇到的困难。困难可以将我们淹没，但如果我们能克服它，它反而会把我们带向远方，会促使我们前进，让我们御风飞翔。

现在未来学家所描绘的未来似乎一片黑暗：50年内，石油将会枯竭，鲸鱼将会灭绝，温室效应将使沙漠化蔓延全球，恐怖主义将会继续肆虐，互联网所实现的全球化即时通信将使竞争越来越激烈，就业压力也将随之增大。

在发达国家,虽然人们的生活比过去任何一个时期都优裕,但悲观主义却也正在迅速地动摇很多人的世界观,越来越多的人看待这个世界的态度变得消极而悲观。根据意大利儿童协会公布的数据,儿童和青少年患抑郁症的人数正在大幅增长,这说明我们的孩子也受到了悲观主义的侵蚀。

### 当孩子把一颗小石子看作一座大山

大量调查结果显示,态度悲观的人在面对困境时更容易放弃,在工作中更难获得成就感,更容易陷入抑郁的情绪状态,而且比起那些能在风雨之中坚信会有彩虹的乐观之人,他们患病的概率也更高。

"悲观的孩子如果被一块小石子绊了一下,他们心里会认为挡在自己面前的是一座大山。这样的孩子害怕失败,而往往正是这种对失败的恐惧让他们更容易犯错误。"美国心理协会前主席马丁·塞利格曼(Martin Seligman)这样写道。相反,乐观的孩子不仅有更好的学习成绩、运动能力和工作成就,他们的身体通常也比较健康,他们看起来更年轻,寿命会更长,由于他们所感受到的压力相对更小,所以他们在生活中能收获更多成就感,更好地享受生活。

乐观主义这个词,在英文中写作 optimism,它来源于拉丁词语 optimus,意大利词语 optare 也同样来源于这个词根,意思是"选择"。所以,"乐观"的词源学含义就是:你可以选择在恐惧中停止不前,也可以选择积极应对,努力扭转不利的境遇。因此,乐观主义者懂得"选择",选择有助于使他们在生活中得到更好的选项。

## 乐观主义是可以培养的

乐观主义不是天生的。专家表示,我们抵抗沮丧和冷漠的能力大都是儿童时期培养起来的。这本书的目的,正是通过提供一些有效的方法,使孩子们相信,无论多么糟糕的情况都是可以发生逆转的,教会孩子们如何应对焦虑,让他们知道,当考验来临时,他们可以"选择"抓牢我们传达给他们的安全感,而不是被消极情绪淹没。

有时候生活中的困难需要孩子付出巨大的代价,因此我们需要决定是否通过预先"投资"来培养孩子的心境,从而帮助他们改变境遇。

第二章

**看待世界的态度**

杯子有一半是空的还是有一半是满的？这个问题看上去很普通，但从答案中我们可以看到两种截然不同的生活态度。

宾夕法尼亚州立大学心理学系曾做过一项研究，他们选取了四年级的学生进行实验，首先给他们做心理测试，并根据测试结果把他们分成两组，一组为乐观主义者，另一组为悲观主义者。然后准备了一些题目给两个组的孩子做，有些题目比较简单，有些则比较难。

如果先让孩子做简单的题目，再去做比较难的题目时，两组孩子的得分几乎相同。

然而当先给他们做比较难的题目时，悲观组的孩子表现非常糟糕，而乐观组的孩子则取得了很好的成绩。

这意味着什么呢？研究者们得出的结论是，悲观的孩子容易灰心丧气，因此在第二轮测试中无法取得理想的成绩。

心灵有它自己的居所，在这个居所里天堂可以变成地狱，地狱也能变成天堂。

——约翰·弥尔顿《失乐园》

悲观主义不仅仅是一种思维倾向，更是一种深深扎根于儿童心灵世界的态度，它会造成很严重的后果，如抑郁、自暴自弃、学业成绩低于孩子的实际能力，有时甚至会对身体健康产生影响。

心理学家马丁·塞利格曼和很多其他心理专家一致认为："大多数情况下，在学校的学习成绩差并不能代表孩子的能力低下，而是孩子看待自己的态度比较消极。认为自己不那么优秀或能力不足的孩子，在面对挑战时往往会比较容易放弃。他们并不是没有动力或缺少天赋，而是没有学到克服障碍所必需的乐观精神。"

现在很多较为感性的心理学家认为，乐观主义并不取决于生活中是否足够幸运，而是取决于解释方式，即如何看待、如何解读所发生的事情。

换句话说，乐观与否取决于我们如何分析造成某种情况的原因。

## 如何判断孩子是否有缺乏信心的倾向？

持悲观态度的孩子主要有三种观念：

- 情况是无法改变的。
- 某个困难会扩散到生活中的各个方面。
- 结果是偶然因素导致的。

下面我们来一项一项分别进行分析。

**1. 情况是无法改变的**

"新学校里我谁也不认识,我肯定会永远都要自己一个人玩了。"

"没有保护轮的自行车我是不能骑的,一点办法都没有。"

"我哥哥昨天生我的气了,他不想跟我玩了。他再也不会跟我一起玩了。"

这里涉及的是一个"永恒"的概念。他们总是使用"没有任何人""什么也没有""再也不"等这一类的词语,描述的是极端的、永恒的和不能改变的情况。在他们眼里,孤立的和暂时的事件变得绝对:"永远都会这样了","无论我怎么做,都不会有任何改变"。

**2. 某个困难会扩散到生活中的各个方面**

"他们没有邀请我去参加聚会,我会失去所有朋友的。"

"老师给我写了一个警告,她一定是不喜欢我了。"

如何教出好性格的孩子

"我的芭比娃娃坏了,现在我什么也玩不了了。"

专家称这种现象为"普遍性扩散"。意思是,当一个东西坏掉时,孩子以为所有的东西都会随之毁掉;当有人给他/她指出错误时,他/她会灰心丧气,会觉得自己一无是处,会认为别人不仅是针对他的某一个错误,而是在贬低他整个人。在他们的心目中,一个小小的黑点,会不断放大,直到最后成为一片巨大的乌云,笼罩住整个世界。

 内心充满希望的孩子的优势

大量研究调查表明,乐观的孩子与缺乏信心的孩子相比,具有绝对的优势。

- 面对困难的时候,他们更坚强。
- 他们在运动中能获得更好的成绩。
- 他们在学校表现更好,在能力倾向测试中能取得更高的分数。
- 他们与父母和朋友的关系更融洽。
- 他们患抑郁症和忧郁症的概率更低。
- 他们更不容易生病。

## 3. 结果是偶然因素导致的

"我赢了比赛完全是巧合,因为守门员前面只有我一个人。"

"他们选我担任游戏的队长只是为了跟安德烈作对,因为他太骄傲自大了,总觉得自己无比重要。"

"现在爸爸花更多的时间陪我了,这不过是因为妈妈要求他这么做的。"

悲观孩子的第三个特征就是"自我感缺失"。如果发生了不好的事情,他们会把责任都揽到自己身上,相反如果取得了成功,他们则会认为只是巧合和偶然:在他们看来,成功和胜利并不是他们努力的结果,只不过是因为幸运。

## 乐观态度的特征

与悲观的孩子对应,持乐观态度的孩子有以下三种观念:
- 事情是可以改变的;
- 面对困难,他们想办法去解决;
- 他们认为所取得的成果是自己努力的结果,是了不起的成就。

## 1. 事情是可以改变的

"我刚刚来这个学校,所以我谁也不认识。但是之后我肯定会交到朋友的,就像在小公园里一样。"

"去掉保护轮的自行车不太好骑,明天我会再试试的。"

"好吧，我哥哥生我的气了，他不想玩了。但是他并没有说不会跟我和好。"

## 2. 面对困难，他们想办法去解决

"卢多维卡只邀请了几个同学去她的聚会。我知道她家房子很小……如果我想跟她交朋友的话，下次我应该邀请她到我家来。"

"这次课堂考试有点难……我没有复习好动词……如果我再努力一点，肯定可以做好的。"

"我的芭比娃娃坏了。或许妈妈可以帮忙修好……"

 智者的名言

> 谚语和智者的名言往往通过一个简单的句子，就能说出心理学家用一页纸都说不清楚的道理。这里摘录的名言凝结了千年的智慧，认真思考这些句子可以帮助我们理解悲观态度和乐观态度的本质区别，启发我们如何改变孩子的悲观想法。

### 谚语和名言

悲观主义者先看到缺少什么，而乐观主义者总是先看到已经拥有了什么。

傍晚时，悲观主义者说："现在黑夜要来了。"乐观主义者说："现在我能更清楚地看到星星了。"

悲观主义者忘记了笑，乐观主义者笑着忘记。

## 第二章 看待世界的态度

悲观主义者热衷于描述围绕在他周围的黑暗,而乐观主义者会去把灯点亮。

悲观主义者,就是那些把幸运的敲门声当作噪声去抱怨的人。

当来到一个人们都赤脚的国家时,悲观主义者说:"鞋子不可能卖出去了,根本没有任何人穿鞋子。"而乐观主义者说:"很有可能啊,这里大家都没有鞋子穿。"

悲观主义者看到历史逝去。乐观主义者铸造历史。

### 著名的引文摘录

乐观主义者认为这个世界是所有可能存在的世界中最好的一个。悲观主义者生怕这是真的。

——詹姆斯·布兰奇·卡贝尔

一个害怕痛苦的人,实际上已经为他所害怕的事而忍受痛苦了。

——米歇尔·德·蒙田

宁愿做乐观主义者而犯错,也不做一直正确的悲观主义者。

——阿尔伯特·爱因斯坦

既然知道肯定会遇到很多真正的不幸,就不要再想象出一些来为难自己了。

——奥利弗·戈德史密斯

乐观主义者就是说"明天是星期天"的人;而悲观主义者会说"后天就是周一了"。

——古斯塔夫·福楼拜

悲观主义者只会遇到惊喜，而乐观主义者只会遇到不如意。

——雷克斯·史陶德

悲观主义者是那些永远都不会感觉特别好的人，因为他们害怕，如果这一刻感觉比之前好，那么接下来就会变糟糕。

——萧伯纳

乐观主义者相信，一个女人挂断了他的电话，因为她说了"……那就这样吧，先不聊了"。

——马塞尔·阿沙尔

悲观主义者总是给自己构筑起隐形的监狱。

——米尔顿·伯利

悲观主义者会在每一个机遇中都看到困难；而乐观主义者可以在任何困难中都看到机遇。

——温斯顿·丘吉尔

乐观一点坏处也没有。你完全可以把眼泪留给以后的日子。

——卢西马尔·桑托斯·德·利马

若想改变你的生活，必须先改变你的想法。

——安东尼·代·梅洛

## 3. 他们认为所取得的成果是自己努力的结果，是了不起的成就

"我踢进了球，因为我在比赛中取得了很大的进步。"

"他们选我作游戏的队长，因为我很友善。"

"现在爸爸花更多的时间陪我了，因为我让他帮助我解决作业

## 第二章 看待世界的态度

中的难题。"

乐观的孩子认为,所取得的成功至少在一定程度上是个人努力的结果,因此他们会更加努力,以保持已经取得的成绩。

**女性悲观主义与男性悲观主义**

当婴儿刚来到这个世界时,他们睁开眼睛,小脑袋中每天思考的都是自己的甜美梦境。后来他们初次尝到失败的滋味,他们体验到失望、忧虑的情绪,加上大人们常常无意识地评价他们,正是这些因素在他们的心灵世界种下了悲观主义的病毒。

斯坦福大学心理学教授卡罗尔·德韦克(Carol Dweck)的研究印证了以上结论。德韦克是研究校园抑郁症的专家,根据她的调查,老师对待女生和男生的态度是很不一样的。

·如果女生在某一个学科上成绩不理想,老师会归因于学生的能力不足(比如老师会说"数学不是你的强项")。女生把这样的信息内化成对自己的评价,就会放弃在这方面的努力。

·同样的情况下,老师们对待男生的态度则恰恰相反。老师不会把男生学习成绩不好的原因归结为他们没有能力,而是说他们不够努力("你还不够用功")、行为不规范("你聊天聊太多了"),或者认为这只是暂时的情况("这次你没有认真对待")。

美国精神病学家、人格研究专家雅克·巴伯(Jacques Barber)

指出，男性和女性的乐观程度类似，但其侧重点各有不同：在工作方面男性态度更乐观，对待人际关系则比较悲观；女性则恰好相反，对人际关系更乐观，而对待工作更为悲观。

第三章
信心缺乏是如何造成的？

### 糟糕的一夜

西尔瓦娜和罗伯塔是童子军队伍的两名小成员,这一天,她们跟随着"大部队"外出野营。她们认真地搭起了帐篷,尽量搭得既结实又好看。然后她们关掉手电筒,钻进睡袋睡觉了。

然而,晚上突然刮起了狂风,下起了暴雨。帐杆被拔出了地面,帐篷也跟着倒塌了,砸在了她们身上。两个女孩浑身湿透,只能跑到组长的帐篷里去避难。第二天,她们疲惫不堪,回到自己原来的地方后发现,经过一晚上的风雨,帐篷已经变成了破烂,睡袋上也满是泥土。

"一开始的时候,"西尔瓦娜回忆说,"我真的失望极了。我连话都不想说。实在太丢脸了,朋友们该怎么看我们啊!但是之后我又突然觉得很好笑,因为我们幻想过无数遍第一次露营的场景,结果变成这样,真的是不能更糟糕了!虽然没有了帐篷,我们的露营还是很开心,甚至还更好玩了,因为大家挤在一个帐篷下一起睡太热闹了!我本来想鼓励一下罗伯塔,但是没有用。她一直不说话,后来她爸爸接我们回家的路上她也一句话没说。第二天她心情还是很低落。"

西尔瓦娜和罗伯塔遭遇了同样的事情,但是对两个人来说结果却不同。

在经历了第一次打击之后,西尔瓦娜看到了这件事矛盾的一面,同时也看到了滑稽的一面:盼望已久的一次露营,最后竟然变成了这样的"惨剧",简直荒唐到让人发笑。而罗伯塔则一直不能从阴影中走出来,她只看到这件事消极的一面,对自己搭帐篷的"无能"耿耿于怀。

### 不幸、观念与结果

"很多人都认为,我们是因为遇到了不幸的事而产生负面情绪和感觉难受,"美国心理学家艾伯特·埃利斯(Albert Ellis)说,"比如,当有人冤枉了我们时,我们会很生气;当我们失去自己所爱的人或所喜欢的东西时,我们会十分沮丧。毫无疑问,我们的情绪肯定是跟每天生活中所发生的事情有联系的,但其实这种联系并没有我们想象中那么紧密。例如,有时候我们会看到虽然两个人面临着一模一样的情况,但是他们的情绪却并不相同。"

这种情绪的不同取决于我们看待事情的态度,即我们怎样去

## 第三章 信心缺乏是如何造成的？

解读这件事。用埃利斯的话来说，就是我们在不幸、观念和结果（三个词的英文分别是 Adversity、Beliefs、Consequences，缩写为 ABC）三者间建立了什么样的关系。

西尔瓦娜和罗伯塔的不同反应就是一个很好的例子。在这个例子中：

- 两个人所经历的不幸是相同的：帐篷倒塌，衣物湿透，整夜没有睡，在同伴面前尴尬没面子。
- 两个人对所发生事情的观念态度不同：西尔瓦娜虽然也觉得盼望已久的野营变成了灾难，但是她同时发掘到了这次经历中冒险刺激的一面，看到了积极的意义；而罗伯塔完全被这个突如其来的事件击垮了，她彻底放弃了享受野营之旅的快乐。
- 最后两个人的结果也不同：对西尔瓦娜来说，波折的野营最后化为忍不住的开怀大笑；但对罗伯塔来说，她深深觉得整个旅程完全糟糕透顶，最后只剩沮丧。

"是谁的错？"

"不是我做的。"

"不是我的错！"

"是他们惹我的！"

"是她先开始的！"

"为什么他可以我不可以？"

"以前没有人告诉过我。"

如何教出好性格的孩子

如果我们仔细听一听孩子们经常说的这些话，我们会感觉他们似乎一直在试图把过错的责任推给别人。如果撞到了桌角，那就是因为桌子"坏"。如果他们输掉了桌面足球比赛，那是因为桌子倾斜了。如果他们上学迟到了，那就是公共汽车的错，因为汽车比规定的时间早到了，导致他们没赶上。如果考试没考好，他们就会说是因为老师讲课的时候讲得不明白。

他们的生活好像总是充满了不幸、困难和意外，还有别人的阴谋和暗算。这些事情的发生不受控制，孩子则表现得无能为力，什么也做不了，感觉自己对这些事情产生不了任何影响。

这是小孩一种很正常的自然表现，因为在年龄很小的时候，他们仍依赖于成人。但是，虽然不幸的发生不受控制，但孩子可以决定自己要如何应对，决定面对不幸自己要有什么样的表现，或者从更深层的意义来说，最终是他们自己决定自己的人生。那么，我们应该如何让孩子明白这个道理呢？

**解读方式的问题**

为了帮助孩子们跳出沮丧情绪的漩涡，我们首先必须弄清楚根源，即：是什么样的观念让孩子产生了这样的情绪。

为了达到这个目的，建议家长们应该让孩子知道：有时候他们觉得能或不能克服某个困难，这种对自己能力的判断是受他们解读问题的方式影响的。

例如，当孩子跟我们抱怨某件事情时，我们需要做的第一件事，就是让孩子好好给我们讲讲他们有什么感受并认真倾听,这是至关重要的一步。在这之后,我们才能想办法去除掉禁锢孩子的消极想法。

孩子对发生在自己身上的事情,往往都是站在自我中心的角度去理解。我们的建议是,要改变他们这种以自我为中心的思维习惯。也就是说,要让孩子看到如果他能换一个角度看问题,就会柳暗花明又一村,出现无数的新的可能性,从而把孩子从他们固有的悲观主义天性中解放出来。

具体来说,我们要教会孩子避开评判一个人或一件事情时容易碰触的三座"礁石":

• 把永久性的评判转变为暂时性的评价。比如,不是"我再也不跟弗兰西斯科玩牌了",而是"除非弗兰西斯科改掉打牌时作弊的习惯,否则我就不跟他玩牌了"。

• 把概括性的描述转变为限制性的具体描述。比如,不说"每次他见到我都骂我",而是说"今天,他看到我的时候骂我了"。

• 把无人称的、泛指所有人的评价转变为具体到人的评价。比如,不说"所有女人都是骗子",而是说"瓦伦蒂娜经常说谎"。

### "错误"的想法是这样产生的

软弱和悲观往往是由心理学家所说的"认知错误"所造成的,或者简单一点,我们称其为"错误的想法",意思是对现实的认识失真,使我们感觉自己陷入危机、束手无策,从而导致灰心丧气或突然的情绪激动。

我们在焦虑的状态下,往往会不自觉地在脑海中把困难放大,从而产生悲观的想法。被惊慌笼罩的时候,我们会感觉无法控制自己的思路和感情,但是清醒之后再回头来看,就会质疑为什么自己之前会这么害怕,有时候甚至会忍不住笑自己的莫名其妙。

我们正是在对这些情况了解了之后,让孩子知道他们的思维是如何运作的,使他们意识到自己某些想法的荒唐和糊涂,将孩子带入理性的大门。

相关的学者列举了一系列会促使人们产生焦虑和消沉情绪的消极想法。而孩子们由于缺乏生活经验,尤其容易被这些想法所影响。

下面我们列举其中最常见的几种。

- **概括化思维**

意思是从一件事或片面的信息中概括出错误的结论:

"我课堂测试的题全都做错了,我的成绩肯定差死了。"

"马莉奈拉没有跟我一起回家,她跟贾丝敏一起回的。这说明她不把我当朋友了。"

当然,有时候也有积极意义上的"概括":

"我打进了一个球。我确定我一定能进入球队。"

但是这种推而广之的概括思维,很容易促使我们放弃或误导我们产生错觉。世界会变得非黑即白。所发生的事情要么是绝对的胜利,要么就是巨大的灾难。

- **绝对化思维**

孩子们说话往往很夸张。他们在句子中使用很多意义绝对的词语，比如"永远""从来都不""每次都是"……诚然，我们的感受会影响我们的表达方式，但同时，表达方式反过来也会影响我们的思维。因此，教会孩子正确使用意义相近的表达方式非常重要，比如"有时""有些情况下""有可能会"等，它们意思相近，用法复杂，我们需要在适当的时候及时纠正孩子。

9岁的斯特凡诺回到家，眼眶一片青紫。

"发生了什么事？"妈妈问他。

"里卡多总是想抢着进攻，他打了我一拳。他从来都不把球传给我！"

此外，如果我们反思一下自己，一天中我们自己又会使用几次这样不留任何希望的表达方式呢？相反，我们在说话时保留改变的可能性，使用像"有时候""有一些"或"大部分"这样不那么绝对化的词语的次数，又有多少呢？

- **最小化思维**

为了纠正孩子的概括性思维，我们往往会采用与之完全相反的思维方法：最小化思维。

"你失去了一个朋友，还会找到新朋友的。"

"只要你学习，你的成绩肯定会变好的。"

孩子对我们这样的回答一知半解，他们会选择沉浸在自己的世界里。而且,如果没有付诸具体行动的话,我们这些乐观的想法往往会落空,这就印证了孩子们所持的消极观点,让他们更加坚信自己本来的悲观想法。

**二元化思维**

　　心理学家所定义的二元化思维,简单来说,就是一分为二地看待这个世界——非好即坏,非真即假,非黑即白,非对即错,没有中间状态。孩子们画的画就是这样的,他们的思维往往也是这样。他们很难察觉到两个极端之间有着细微差别的过渡状态,思考问题的时候也就不会把这中间存在的其他情况考虑在内。正因为如此,我们才更要努力引导他们重视这些中间状态。

　　"我画的画很糟糕。"

　　"卢卡很坏。"

　　"黑人身上很臭。"

　　"坏人应该杀掉。"

　　这是孩子们经常挂在嘴边的话,因为他们确信事实就是这样的,或者他们听到别人就是这么说的。无论是哪种情况,我们都需要帮孩子改正,或者起码教会他们更恰当地组织语言表达自己的想法。

　　这并不是要强迫孩子必须对事实有着"政治意义上正确"的认识,而是引导他们去理解事情的复杂性,让他们知道事情并不是一分为二那么简单。这是一个长期的任务,我们每天都可以借助日常生活中的任何情景让孩子关注到这一点,训练他们的思维尽可能地

# 第三章 信心缺乏是如何造成的？

严密。

"你对你的画哪里不满意呢？不喜欢你选的颜色？主题？还是这些人在纸上的位置？"

"为什么你觉得卢卡很坏？他打你了吗？他骂过你？还是他拿走了你的玩具？没借给你他的电子游戏？"

"为什么你认为有色人种身上很臭？你有这样的同学吗？你看到过他住在哪儿吗？"

## 追求完美：要么最好，要么一无是处

"如果口试中我得不到'优+'，那就说明我一点价值都没有。"

这种情况下，孩子的思维实际上也是认为世界非黑即白，所发生的事情要么是绝对的胜利，要么就是巨大的灾难。然而事实上根本不是这样：我们总能找到解决问题的方法。

其实很多时候是我们误导了孩子，我们不接受孩子犯错误、不明白、反应慢或做事情不够精确。孩子做事情如果不够完美，我们就会看不下去，最后忍不住插手替他们做，但是这时候孩子往往会觉得很丢脸，觉得自己什么都做不好，陷入自我否定。实际上如果孩子失败了，我们要做的最重要的事是安慰他们不要着急，告诉他们错误是我们获得成长的机会，因为从所犯的错误中我们可以发现自己的弱点，然后才能去弥补不足。我们要让孩子明白，"吃一堑，长一智"，犯错误然后分析犯错的原因，要比任何错误都不犯能让我们学到更多东西。

## 把具体事件抽象化并武断地得出决定性结论

美国著名的喜剧演员宾·克罗斯比（Bing Crosby，1903—1977）曾经说："在教堂的地板上找到了一粒灰尘，然后就得出结论说这个教堂很丑陋。"

如果听到孩子总结出了类似的结论，我们千万不能掉以轻心，一定要引导孩子全面地考虑事情，看到事情的复杂性。由于缺少经验和知识，他们最常犯的错误之一就是，看到事情的冰山一角就给出评判，或仅从一件事中就武断地得出决定性结论。

"爸爸以前下班回家后都会亲吻我，现在他不亲我了，这意味着他不再爱我了。"

孩子有时候会这么说。然而事实是怎么回事呢？爸爸只不过是得了扁桃体炎，他不想传染给女儿。

儿童都是"墨守成规"的，他们喜欢日常生活中那些有规律的例行的事，因为习惯性的东西能带给他们安全感。如果我们决定改变这些习惯或有时我们执行不了，一定要向他们解释，好让他们放心。例如："今天我工作时没能给你打电话，因为我出门后才发现我的手机电池没电了，对不起。"

每次都让孩子认识到事情的复杂性，日积月累，慢慢地孩子就能避免不理智地过分狂喜，也能避免太过失望。

## 总把错误责怪到自己身上

"爸爸走了，都怪我不肯吃蔬菜。"

## 第三章 信心缺乏是如何造成的？

三岁的菲莉丝这么想。因为有一天她不肯喝蔬菜汤，她的父母因为这件事发生了口角，后来爸爸一气之下出了家门，之后好几天都没有露面。孩子犯错后，为了保护自己，常常把责任推卸到别人身上，但如果涉及他们爱的人，孩子会认为自己是他们的中心，他们的好和歹都是由自己引起的。

瑞士著名的心理学家让·皮亚杰（Jean Piaget，1896—1980）曾讲到儿童天生的自我中心主义，他们倾向于把所有的事情都联系到自己身上，即放到他们的"ego"中，这是一个拉丁词语，意思为"自我"。此外，孩子正是通过"我"和"我的"这些词学会逐渐建立起自己的个性。在孩子们眼里，整个宇宙都是围绕着他们运行的，正因为如此，他们认为：如果我爸爸妈妈吵架了，就是因为我表现太差了；哥哥从楼梯上掉下来摔伤了，也是我的错，因为有一次我生气时曾经诅咒他，希望他从世界上消失。

这就是为什么孩子总倾向于把家庭中发生的任何争吵或其他事的责任都揽到自己头上，不断拿苦恼的问题折磨自己：

"为什么他们不想跟我说话？"

"因为我太坏了所以他们生我的气了吗？"

另外，作为家长，我们自己在疲倦的时候也喜欢说一些不耐烦的话责备孩子，这些话表面上看起来似乎没有什么害处，比如：

"你这些问题烦得我把肉串都烤焦了！"

"你如果还继续跳来跳去，我们家房子都要被你跳塌了。"

"够了！我这就把你锁进房间里，钥匙也从窗户里扔出去！"

这些话都是些夸张的说法,但是孩子由于缺乏经验,他们会按照字面意思去理解,因为他们只具备具体思维的能力,还不懂什么是比喻和打比方。

那些被我们定义为以"自我为中心的成年人"是什么样的呢?他们其实就是还没有摆脱儿童天生的自我中心主义:他们仍然深信全世界都是绕着他们转的,他们认为所有人都像他们一样思考,认为他们自己知道的东西别人也都知道,其他人跟他们的品位、偏好和特质也都完全一样。这样一来,每当他们感觉被别人忽视就难免生气恼火:"他们没有邀请我……他没打电话给我……"

**预先判定灾难已经到来**

"车子停下开动不了了,我们没法去参加聚会了。"

有可能会造成的不便变成了100%确定的事,后果就是他们会像灾难已经到来一样去做出反应。一切都没有定论之前,他们就感到未来没有出路了,于是放弃了奋力一搏的尝试,而大多数情况下,努力争取补救往往是奏效的。

**假定自己知道别人的想法**

"我知道班里的女同学都觉得我不友好。"

孩子确信知道别人对他的看法,他甚至都没有亲自去跟他们求证就妄下结论。这样他就失去了很多可以交到新朋友的机会。

**贴标签**

孩子喜欢给同学或老师贴上一些定义性的标签,而且经常是含有贬义的,比如"笨蛋""坏""胖子"。

他们也经常用这种方式给自己贴标签:"我做不到,我不擅长,没有人帮我。"这样就造成他们无力面对新的环境。

任何的标签,即便是褒义的,也会固化孩子的角色,比如有的家长在介绍自己的孩子时会说:"这是我的儿子和女儿。贾科莫简直是魔王,卡洛塔是个天使。"

贬义的标签所带来的负面影响显而易见,而褒义的标签也一样,所有的标签都像快照一样会固化孩子的行为。家里的"小天使"必须把更大块的蛋糕让给小弟弟吃,要留在家里照顾小宝宝,要等到最后一个去洗澡……总之,"小天使"总是要委屈自己去取悦别人。这种情况的风险是他/她长大了以后也会继续这样做。

**与其他人作比较**

"卢卡有无数个朋友,而我……"

"他想要什么他爸爸都给他买,而你……"

孩子会过高评价别人所做的一切,但却低估自己的成功。我们往往也喜欢拿自己的孩子跟别的孩子作比较。

这种比较的倾向开始于两岁左右,因为这时候孩子开始与同龄人接触,他们开始感觉到在我们眼中他们的唯一性渐渐削弱了。随着孩子的成长,这种唯一性逐渐消失,我们开始拿他跟别的孩子作比较，开始对他们有所期待，开始关注和预测结果。但是上学之后真正的比较才开始，学校就像一个棋盘，仿佛身处其中就能预测到自己的未来。

然而问题是，比较，难免会造成焦虑或沮丧。

如果比较的结果是孩子比别人优秀，那他就感到自己必须要扮演"优秀"的角色，身上背负的重担让他丧失了自愿选择的自由。他时刻想着不能让大人失望，完全被焦虑淹没。

如果孩子不如别人，他可能会对比他优秀的孩子怀恨在心，导致灰心和抑郁。

**调查问卷——你的孩子不自信吗？**

很多国家把每年的10月10日定为精神健康日，这一节日的发起者公布了以下数据：

- 全球有4亿人患有精神障碍；
- 1 000万意大利人备受缺乏信心、焦虑和抑郁问题的困扰；
- 发达国家有3%的儿童和8%的青少年患有抑郁症；
- 1/3有心理问题的成人从童年起就已经有相关的问题了。

判断一个孩子对自己和未来是否有信心，或者在他/她的内心深处是否隐藏着某些阴暗的想法并不简单。一个人是外向还是内向、紧张还是平静都很容易看得出来，但我们往往会因为一个人精神旺盛和善于交际就认定他是乐观主义，其实有可能他的内心深处极度缺乏信心。

达尔豪西大学位于加拿大哈利法克斯,心理学家迈尔纳·韦斯曼(Myrna Weissman)在隶属于该大学的抑郁症研究中心工作。她设计了一份调查问卷,为我们提供了宝贵的信息,帮助我们更好地了解孩子的情绪。在让孩子做问卷时,要告诉他们回答这些问题可以帮助他们更好地认识自己,就像让自己的灵魂照一照镜子。一定要让他们知道他们的答案没有对错之分,只要选择描述得更符合自己情绪的答案就好了。

为了能让孩子完全自如地回答问题,问卷通常不要由父母交给孩子做,而是让老师或朋友给他们做,这样更好。

下面的调查问卷非常值得我们注意,因为它描述了抑郁症的表现形式:思维方式、情绪、行为以及身体上的症状。

- 思维方式

当孩子抑郁的时候,他对自己、对周围的世界和对未来都持悲观态度。他会觉得到处都布满了不可逾越的障碍,他会找到一千个理由和借口来说服自己:一切都不会顺利。

- 情绪

孩子会不开心,垂头丧气,他看到的所有东西都是黑暗的。有时候他会哭,其他时候则觉得无聊,提不起精神。不久前他还喜欢做的事情现在似乎纯粹成了浪费时间。他不笑,也不微笑,变得难以相处,经常抱怨,态度敌对。

- 行为

处于抑郁状态的孩子比较被动,缺乏主动性,任由事情发展而不做出反应，对任何东西都提不起兴趣。最简单的动作对他们来说都变得很费劲，做任何决定都感到非常困难。

- 身体上的症状

孩子会没有胃口，或者表现为另一个极端，即不断地吃东西，而且食量惊人，他们总是在厌食和暴饮暴食之间摇摆不定。同样地，他们要么睡不着觉，要么一睡就睡一下午。而且他们常常患有很多难以治疗的慢性疾病，最常见的症状如偏头痛和胃痛。

> 我有多不自信？
>
> 根据孩子所选题目中所描述的感觉的频繁程度，计算每个题目的得分。"从来没有"得0分，"有时会"得1分，"经常会"得2分，"几乎一直会"得3分。（请孩子根据上一个星期的自我状况进行判断和选择。）
>
> 1. 我很担心一些平时我不怎么担心的事情。
>
>    A. 从来没有　B. 有时会　C. 经常会　D. 几乎一直会
>
> 2. 我不想吃东西，我不饿。
>
>    A. 从来没有　B. 有时会　C. 经常会　D. 几乎一直会
>
> 3. 虽然他们试着鼓励我，但我还是觉得不开心。
>
>    A. 从来没有　B. 有时会　C. 经常会　D. 几乎一直会
>
> 4. 我觉得自己不如其他孩子优秀。
>
>    A. 从来没有　B. 有时会　C. 经常会　D. 几乎一直会

5. 我觉得很失望。

A. 从来没有　B. 有时会　C. 经常会　D. 几乎一直会

6. 我不能集中精力，不能专心做我在做的事。

A. 从来没有　B. 有时会　C. 经常会　D. 几乎一直会

7. 我太累了，所以我做不完我必须要做的事。

A. 从来没有　B. 有时会　C. 经常会　D. 几乎一直会

8. 我感觉会有什么不好的事发生。

A. 从来没有　B. 有时会　C. 经常会　D. 几乎一直会

9. 我不久前做的事情现在做不到了。

A. 从来没有　B. 有时会　C. 经常会　D. 几乎一直会

10. 我很害怕。

A. 从来没有　B. 有时会　C. 经常会　D. 几乎一直会

11. 我不如平时睡得好。

A. 从来没有　B. 有时会　C. 经常会　D. 几乎一直会

12. 我感觉不幸福。

A. 从来没有　B. 有时会　C. 经常会　D. 几乎一直会

13. 我不像平时那么想活动。

A. 从来没有　B. 有时会　C. 经常会　D. 几乎一直会

14. 我觉得很孤独，没有朋友。

A. 从来没有　B. 有时会　C. 经常会　D. 几乎一直会

15. 我感觉我的同学都不拿我当朋友，或者他们不想跟我待在一起。

A. 从来没有　B. 有时会　C. 经常会　D. 几乎一直会

16. 我玩得不开心。

A. 从来没有　B. 有时会　C. 经常会　D. 几乎一直会

17. 我觉得想哭。

A. 从来没有　B. 有时会　C. 经常会　D. 几乎一直会

18. 我很伤心。

A. 从来没有　B. 有时会　C. 经常会　D. 几乎一直会

19. 我觉得别人不喜欢我。

A. 从来没有　B. 有时会　C. 经常会　D. 几乎一直会

20. 我很难决定要做什么。

A. 从来没有　B. 有时会　C. 经常会　D. 几乎一直会

如何评估测试结果

· 0~12分：孩子没有抑郁的迹象。

· 13~24分：孩子有时感到失落，但很快会恢复正常。

· 25~40分：孩子有抑郁的表现。

· 40分以上：孩子很有可能严重抑郁。

注意！

测试仅为参考。有时候孩子测得的分数很高也有可能是情绪不好或身体不适。

如果得分超过 24 分，最好间隔一个星期再给孩子重新测试一遍。如果结果仍然类似，我们建议寻求专业人士的帮助。

第四章
如何培养孩子坚毅的品格？

**何谓"韧性"**

取一块又大又重的青铜,拿锤子重重地锤一下,我们会发现铜块断裂了。现在我们再取一根钢丝,虽然它像蜘蛛丝一样细,但是无论我们怎么撕扯,最后还是弄不断。

这里涉及的就是韧性的问题,物理学家说韧性就是材料对折断的抵抗能力,即材料通过弯曲而避免折断的能力。

心理学家借用了这个概念,用来形容人们不被逆境和失败打倒,从而免于陷入抑郁和悲观主义的能力。

心理学家安娜·奥利弗里奥·费拉里斯(Anna Oliverio Ferraris)解释说:"我们可以类比人体的免疫系统来理解韧性的作用,我们的机体会借助免疫系统对抗细菌的入侵。"她还展示了联合国儿童基金会对受到海啸袭击的儿童所进行的一项调查。曾威胁到他们生存的海啸过去一年后,有2/3的孩子认为,比起海啸刚结束后的几个月来说,情况已经好多了。而且绝大多数的孩子都相信他们以后的生活会比海啸发生前更好。

特别是印度、斯里兰卡和泰国的孩子,他们对未来的看法最乐观;相对而言,印度尼西亚的孩子则更难以从海啸的阴影中走出来。有些人猜想,这或许是因为那里的人们对生活放弃抗争的消极态度更普遍。

### 是什么原因造成孩子应对压力的方式不同?

第二次海湾战争期间,罗马智慧大学社会学和传播学系曾对271名小学生做过一次调查,调查围绕"如果发生了战争,你会怎么做?"展开。结果显示,面对如此悲惨的事件,孩子们表现出了多种不同的态度。我们可以看到,孩子是否觉得有希望,决定了他们情绪的不同。

"我?我会乘坐火箭上天,然后飞走……"(朱塞佩,6岁)

"如果发生了战争,我们不知道去哪里生活,我们可能也会死掉。"(米利安,6岁)

"如果失去爸爸妈妈,我会很难过。"(西尔瓦娜,7岁)

"我会去斯波莱托找我奶奶。"(费德里科,8岁)

"我会在那里一直祈祷,直到战争停止。"(瓦伦蒂娜,7岁)

"会只剩下我自己,没有人来帮助我。"(玛格丽特,6岁)

"我不知道干什么。我会非常害怕,害怕到不知道该干什么。"

(加埃塔诺，7岁)

"我会去巴尼奥利我曾祖父母家，没有人知道它在哪儿。"（贾科莫，6岁）

"我会因为我的家人而感觉害怕，因为我不想失去我爱的人。"（路易吉，6岁）

"我会跟爸爸妈妈一起逃走，逃到一个没有战争的避难所，比如去另外一个国家。"（西尔瓦诺，7岁）

"我啊，那些发动战争的人，我要把他们全都杀掉。"（马蒂尔德，5岁）

"一些遭受过重大灾难的孩子能坚强地对抗生活的严酷考验，有时经过历练甚至变得更加仁慈。"法国精神病学专家、土伦·瓦尔大学韧性问题研究所主任鲍里斯·西瑞尼克（Boris Cyrulnik）说，"这一现象实际上跟'超人'或'刀枪不入'这类的超能力概念没有多少关系，而是由内因和外因共同决定的。内因是指孩子年幼时所积累的情感行为经历内化到他们心灵中形成的内部资源，外因则是指孩子所处社会文化背景所提供的外部资源。"

为了对抗生活中的压力和挑战，有韧性的人会灵活地找到适应当下情况的方案。下面我们撇开极端条件下的情况不谈，举一个孩子日常生活中的例子。

### 课堂考试

老师把批改后的试卷发给孩子们。乔治和保罗是同桌,他们遭遇了同样的命运:两页纸上满是错误,到处都是老师批改的痕迹。

"这下爸爸肯定会把我杀了!"乔治一边用手拍头一边说,"永别了我的假期!这不合理!老师太卑鄙了!她跟我们说让我们自学最后一章,然后考试竟然考的就是这一部分!我该怎么跟爸爸说啊?这下我该怎么说!?"

"嗯,不过我们还有两次课堂考试。如果我们加把劲儿,可以补回来的,"保罗安慰他说,"下次我们不要通宵看冠军杯比赛了。告诉你爸爸说你从现在开始就疯狂地学习……"

"行啊,你去跟我爸爸说吧!他会杀了我的!我永远都做不到!"

面对考试成绩不好这件事,乔治情绪激动、反应过度,表现出悲观主义者的特征:

- 过分夸张:"爸爸肯定会把我杀了!"
- 幻想灾难性的后果:"永别了我的假期!"
- 把自己的错误怪在别人身上:"这不合理!老师太卑鄙了……"
- 抱怨:"她给我们考的是她上课没有讲过的一个章节。"
- 不自信:"我永远都做不到!"

## 第四章 如何培养孩子坚毅的品格？

所以后果就是他感觉无能为力，不努力去战胜困难而是轻易放弃。

心理学家马丁·塞利格曼把乔治的这种心理问题称为"获得性信心缺乏"：孩子认为无论多么努力，都不可能取得理想的结果。之所以称之为"获得性"，是因为它由长期的挫败经历所造成，但是这种挫败并不是客观意义上的失败，而是孩子所接收到的失败主义信息和消极退缩的态度给他们带来的主观挫败感。

相反，保罗则是一个很有韧性的孩子：他并不是一个天真的乐观主义者，而是积极的现实主义者。

- 他相信困难是可以克服的："我们可以补救回来。"
- 他把困难的情况看作是需要面对的挑战，而不是当成压力去逃避："我们加把劲儿。"
- 他积极寻找出路："还有两次课堂考试。"
- 认识到自己的责任："通宵看冠军林比赛……"
- 也试图帮助朋友想方法："跟你爸爸说再给你一次机会……"

保罗表现出了有韧性的孩子的典型特征：乐观主义和现实主义。"有韧性的孩子相信困难是可以克服的……"安娜·奥利弗里奥·费拉里斯（Anna Oliverio Ferraris）说，"如果任务远远超出了他自己能力的范围，他会向其他人寻求帮助。"

### "韧性"是天生的还是后天形成的？

生活中的不幸会给我们留下伤痕，这些伤痕记录着我们生命的历史，但并不能成为我们的命运。

——精神病学专家 鲍里斯·西瑞尼克（Boris Cyrulnik）

为了定义有韧性的人具有哪些必要特征，心理学家谢尔顿·J.科尔钦（Sheldon J. Korchin）和乔治·E.鲁夫（George E. Ruff）对宇航员进行了深入的研究——这是一个极端的例子，因为宇航员100%相信自己的能力，这赋予了他们敢于面对绝对真空的宇宙的勇气。研究结束后他们得出结论：所有的宇航员，不管他们是俄罗斯人还是美国人，都具备某些相似的心理特征，比如高度自信，而且在面对特别危险的突发状况时有极强的适应能力，不会惊慌失措。

但是韧性这种品质是基因决定的，还是在生活经验中习得的呢？

美国精神病学家乔治·威兰特（George Vaillant）是最知名的心理韧性研究专家之一，他认为韧性与人的个性特征有关，如性格因素等，但与环境因素关系更大，比如家庭给孩子的情感支持、孩子成长的社会环境、所受教育的风格、幽默感以及大人传递给他们的理想和价值观等。孩子在家庭环境中耳濡目染所获取的生活态度，最终会影响孩子看待世界的方式。

日内瓦精神病学中心主任、精神病学家和心理分析师伯特兰·克拉默（Bertrand Cramer）在他关于防御机制建立的论文中提到，韧性是一个关于解读事情的方式的问题，这种方式是在童年期间就建立起来的。下面我们就来看一下具体是怎么回事。

第四章 如何培养孩子坚毅的品格？

### 只需要一个支点，孩子就能重新振作

英国精神病学家迈克尔·拉特（Michael Rutter）研究导致儿童抑郁症的因素已经有十年之久，这些因素包括父母之间的矛盾、贫困、家中人口过多、家庭精神障碍、犯罪、曾经被寄养或住院的经历……但是最后得出的结论令他感到惊讶，因为结果表明，如果只具备以上所提到的因素中的一个，是不足以对儿童造成不可逆转的严重伤害的。而如果以上风险因素达到两个或两个以上，孩子患抑郁症的风险就会大大增加。但是即使在这些情况下，仍有相当一部分儿童可以保持心理状态的平衡。

拉特写道："面对最沉重的压力时，孩子很少会放弃。虽然极端困难的状况会使抑郁的概率有所增加，但大部分孩子仍然不会患上抑郁症。"

如果我们能去除其中的一个风险因素，孩子很容易就能找到控制好其他问题的力量。很多时候，孩子重新振作起来只需获得来自他可以依靠的某个人的支持、接纳和无条件的爱就足够了。

其实生活中所发生的事情本身并不能决定我们的世界观，我们对于这些事情的评价才是决定性的因素。为了更好地理解这个概念，我们一起来看看一位大人物——童话作家安徒生的故事。

 安徒生的故事

汉斯·克里斯蒂安·安徒生是著名的丹麦童话作家(1805—1875)，虽然他的童年生活非常悲惨，但他在后来的生活中摆

脱了童年的阴影,完全改变了自己的人生。

安徒生的父亲是个穷苦的修鞋匠,后来被召进了拿破仑的军队,因此他在安徒生之后的生活中是"缺席"的。安徒生的妈妈为了养活全家人,被迫出卖自己的身体。

虽然如此艰苦,但妈妈不想断送儿子的未来,所以一有时间,她就去做洗衣工赚点钱。

妈妈很年轻就去世了,只剩下小安徒生一个人,年纪轻轻的他开始在一家布料厂工作。

虽然生活贫困,但是安徒生的父母曾在他的内心种下爱和希望的种子,让安徒生依然能够坚强地面对这个世界,并孕育出自己的梦想。他开始做演员的工作,后来喜欢他作品的人越来越多,他们给了他很大的鼓励,促使安徒生成为最伟大的童话作家。

正是由于自身的韧性,安徒生实现了人生的意义,并且将这种意义在全世界一代又一代的儿童中传递下去。

### 测试:我的"韧性"有多大?

根据句子所描述的内容符合事实的程度,给下面的每个句子打一个分数:

1 = 很不符合  2 = 不太符合  3 = 比较符合  4 = 很符合  5 =

非常非常符合

1. 当遇到困难的时候，我觉得我可以克服它，事情最后会恢复正常。

2. 当我需要解决一个问题的时候，我会跟随自己的直觉，然后想出创造性的办法。

3. 当我需要解决一个问题的时候，我不会被感情冲昏头脑，而是理智地去分析。

4. 我独立自主，而且敢想敢做。

5. 我能从困难和别人的经验中吸取教训。

6. 我能很快适应新的环境。

7. 我相信别人，当他们遇上麻烦的时候我会帮助他们。

8. 我对其他小朋友和其他人的情绪很敏感。

9. 我能发现事情好的一面。

10. 我喜欢开玩笑，很有幽默感，有时候我会觉得自己很好笑，然后笑我自己。

11. 我很好奇很多东西是怎么工作的，我想知道很多事情的原因。我喜欢做实验。

12. 我能从自己做过的事情中学到很多，不管是好的事情还是坏的事情。

13. 我能跟不同类型的人们交往，不管他们是自信还是多疑，无私还是自私，乐观还是悲观。

14. 我能忍受结局未知的事情。

15. 我对自己有信心，我相信自己。

16. 我会把自己的感受表现出来，我生气的时候就会发泄出来。

测试结果

70分及以上：韧性水平非凡。

60~69分：韧性高于平均水平。

50~59分：韧性处于平均水平。

40~49分：韧性水平尚可，但是应该加以提高。

0~39分：韧性水平很低，建议寻求专业人士的帮助。

## 如何测算韧性水平？

  上面是一个韧性测试，完成整个测试需要20~30分钟。如果孩子很小，家长可以替他们完成，但是这种情况下一定要摒弃任何片面的看法，尽量不要让我们对孩子的爱影响了答案的客观性。为了不受自己固有印象的影响，我们应该全面地考虑孩子在生活中的多种事件，而不是根据某次的某件事或仅仅根据刚发生的事情就草率做出回答。

  家长也可以先仔细阅读所有的测试题目，然后认真观察孩子几天，从而做到更客观地回答问题。如果父母双方可以独立地完成测试，然后比较两个人的答案最后得出一致的意见，这样测试结果会更可靠。

  如果孩子会认字和写字了，可以让他们自己完成测试，如有必要，我们可以给他们解释个别比较难的词语。

在做问卷之前，一定要给孩子解释他们要做的是个什么东西："看事情的方式有很多种。跟你的小伙伴在一起的时候，你会发现你们的意见有时一致，有时互不相同。某件事情可能会让你的朋友很激动，但是你可能觉得无所谓，反过来也是这样，有时你觉得很兴奋的事情，你的朋友可能觉得无所谓。现在回答这些问题需要你选出对很多事情的看法，这个游戏好的一点就在于你的答案没有正确和错误之分，你只需要选符合你自己看法的答案就行了。"

第五章

新时代父母更注重培养孩子的自信自主能力

20世纪20年代，人们普遍认为自己的孩子应该迎合社会的价值观，应该听话，遵循家规和宗教教义。简而言之，父母都想让自己的孩子墨守成规，不要出格。

整个20世纪期间，父母对子女的期望发生了翻天覆地的变化，旧的价值观地位严重下滑，已经无法达到教育的目的了。像遵守规矩、顺从和行为规范等特征不再像以前一样受欢迎了，人们开始期望孩子有主动性，有责任感、自主性，能独立思考，有批判能力，同时能包容别人的想法。

这些变化并不是只发生在"上层"社会和知识分子中间，而是所有的社会阶层所共有的。

## 时代的变化

美国宾夕法尼亚州立大学社会学教授杜恩·F. 阿尔温（Duane F. Alwin）认为："促成这种社会价值观向个人主义转变的因素有很多。"

"人们所生活的社会比以前更复杂、更有活力了。父母对孩子们的期望已经不仅仅局限于他们能生存下来，而是希望他们获得成功。父母意识到孩子如果想要找到一份好的工作，就必须具有自主判断力。事实上人受教育程度越高，其独立思考的能力培养得也就越好，因此父母自然认为，自主判断力对自己的孩子来说也是一种有价值的品质。"

1951年，德国进行过一项调查，研究人员认为在教育培养孩子的过程中最重要的品质是什么。调查结果显示，只有28%接受采访的人提到了"自信"和"自主选择能力"。但是三十多年后，当1983年再次调查的时候，49%的人把"自信"放在了第一位，"顺从"的比例则降到了9%。

意大利、英国和日本也发生了同样的变化。

## 如何培养孩子的自信和自主能力

"发生了什么事？"

"从亚历山大出生开始，我就一直把他当作是有自己想法的孩子。他哭的时候，我不会马上喂奶给他，而是仔细观察他，试着理解他想要什么：他是饿了吗？还是尿布湿了他不舒服？还是说他只是想撒娇让大人抱他？

"这样的教育肯定灌输到他的小脑袋里去了。现在他五岁了，有一天我对他说：'亚历山大，现在你乖乖地穿上睡衣！我不想听到任何理由，听懂了吗？！'这时候他突然看着我，回答道：'发生什么事了？现在你要改变规则了吗？'"

（斯特凡妮，32岁）

对家长来说，放手给予孩子越来越多的自主权可能会有些困难，但这是教会他们面对未来时充满信心的必要条件。如果孩子认为自己不能主宰自己的决定，消极地任由命运摆布，那他们就总是会把自己失败的原因归结为不够幸运，放弃做自己生活的主人。

独立自主是家长可以赠送给孩子的一份珍贵礼物，下面我们来看一下应该怎么做。

**给孩子提供一个可以尽情探索的环境**

最开始的几年，孩子总是充满了探索的欲望，想做大人做的所有事情。这时候最好是放手让他们主动去探索尝试，虽然他们独立的愿望经常力不从心，毕竟过于幼小的他们连基本的生活需求都满足不了自己。

随着孩子慢慢长大，实际上他们愿意独自尝试一切的欲望反而会降低：孩子常说的话从"我要做"变成了"妈妈，你来做"。

如何教出好性格的孩子

但问题是,家长往往会低估小孩的能力:"我不放心让他拿盘子","他在聚会上会难受的,因为他谁也不认识","他很害羞,在游乐场里别人会不让他玩的"。

其实让孩子自己去体验是非常重要的,尤其是当孩子表达出想要自己完成的意愿时,放手让他们去做,即使有时候他们会犯很愚蠢的错误也没关系。

为了达到这个目的,我们可以在家里专门创造一个属于孩子的空间,这个空间必须没有任何危险因素,这样就很少会用到禁令。如果我们一直用禁令把孩子限制住,就有可能导致孩子产生无能为力的感觉。同样,如果家长总是让孩子屈服或因为孩子搞砸了事情就不断地责骂孩子,那就很难培养出孩子独立的精神和自我安全感。

孩子如果觉得自己跟其他小朋友相比处于劣势,就会采取一种防御的姿态,而且会变得敏感,表现出攻击性。

**教导孩子克服困难而不是逃避困难**

如果宝宝正在努力爬上椅子,我们一定不要急于去帮助他们,而是要鼓励他们,告诉他们要怎么做才能爬上去,同时做好准备在他们掉下来的时候接住他们。最后,如果他们爬了上去,一定要为他们鼓掌,因为这对他们来说可是一座小珠穆朗玛峰呢!

不要告诉孩子这里危险那里危险,一天到晚地叮嘱他们,相反,我们要教会孩子如何面对每天遇到的挑战,给他们提供必要的建议。

我们可以把对孩子的警告换个说法，变成积极有效的信息，让孩子感觉自己有能力做到。比如我们不要说"下楼梯不要太快，你会摔倒的"，而是说"下楼梯的时候，你要看着把脚放在哪里。你看，这里的台阶高度不同，很容易跌倒"；"瓶子很重，要用两只手拿着，现在你看看我怎么拿。"

**给孩子犯错的机会**

我们都会背"吃一堑，长一智"这个谚语，但在实际生活中又都忍不住冲上去插手，让自己的孩子避免犯错误，这种冲动极少有父母能抑制住。

尤其是如果孩子本来就容易灰心，这时父母提出替他们去做，这对孩子来说是很难抵挡的诱惑。父母往往为了不让孩子沮丧，就试图帮他们完成任务。

假设孩子在会拿瓶子以后，现在正试着创造一个奇迹——自己拿着瓶子往杯子里倒水，这时我们如果仅仅因为怕孩子洒一点水在桌布上就把瓶子要回来，那我们不仅阻碍了他学会这项必需的技能，还传递给他们一个明确的信息——"你自己是做不到的"。即使这句话没有说出来，孩子所接收到的信息就是这样的，而这很有可能会破坏孩子当初的自信心。

另外，我们看见孩子遇到困难时会感到焦虑，我们想替孩子把所有事情都做了，从而避免让他们觉得沮丧。然而，这种做法并不会让他们变得坚强。

心理学家古斯塔沃·彼得罗波利·沙尔梅（Gustavo Pietropolli

Charmet）说："每天我都可以看到这样一些妈妈,当有人问她们的孩子'你叫什么名字?你几岁了?'的时候,她们总是替孩子回答:'他叫朱利奥,他4岁了……'这些孩子就是将来要加入意大利啃老族大军的新成员,三十几岁还赖在父母的家里。"

所以我们要眼睁睁看着孩子在困难中窒息,不给他们任何帮助吗?虽然我们不能什么都替孩子做,但当然也不能粗暴地完全不帮他们。我们应该陪在他们身边,用问问题的方式引导他们,还要鼓励他们,但最后要让他们自己找到解决问题的办法。

我们每次感到忍不住想要帮忙的时候,都必须先问自己一个问题:"孩子有危险吗?"

· 如果答案是"有",我们要立刻制止孩子,之后再给他们解释。

· 但如果答案是"没有",那我们最好等孩子来向我们求助。如果孩子搞砸了事情,不要羞辱他们,而要花点时间让孩子明白为什么事情会变得糟糕,然后一起去找解决的办法。

**鼓励孩子自己做出决定**

心理学家乔瓦尼·马卡桑（Giovanni Marcazzan）指出:"家长越来越疏于告诉孩子他们所做的每件事都是自己选择的结果,然而给孩子养成有意识地自主选择的习惯,是把孩子培养成一个有责任感的成年人的必要条件。"

从孩子很小的时候,甚至是还不会说话的时候,我们就要试着训练他们养成自己做选择的习惯。

第五章 新时代父母更注重培养孩子的自信自主能力

在这个过程中我们必须避免两个极端：对孩子发号施令，例如"洗澡去！""快住手！""快吃！"；或与之相反，即不断地询问孩子："你想要什么呀？你晚饭想吃什么呢？"我们要掌握的秘诀是，让孩子在明确的范围之内做出选择，这跟"做你想做的事"这类完全开放的要求完全是两码事。

事实上，如果我们让孩子完全自由地去做选择，不给出任何限制范围，反而会带给孩子不安全感。因为孩子期待能获得指导：如果没有得到我们的指导，他们就会认为自己的健康快乐对父母来说并没有那么重要。

我们可以养成习惯，锻炼孩子在两个或三个选项中做出选择。例如："我们现在结束游戏啦！你想把娃娃整理好放回到盒子里，还是把他们留在沙发上呢？""去奶奶家要穿得漂亮一点。你更喜欢这条红色的裙子还是条纹的那条？"

我们还要教孩子说出他们做出每个决定的理由："我想把娃娃都放回盒子里，这样他们就可以睡觉了""我喜欢红色的那条裙子，因为上面有很多小花朵。"

即使有时候只有两个选项，我们也要让孩子自己去做出选择，因为这样能避免孩子被动接受我们的决定，让他们感觉有自主权。虽然这种自主是有限的，让他们做选择的事情也都是些日常小事，但是孩子能从中学会有意识地思考如何选择，他们会觉得自己能够掌控自己的生活。

这就是沟通专家说的"特定范围内的选项"，也就是说，作为

63

父母的我们要对选择的范围做出明确规定。所以我们不要宽泛地问孩子:"下午点心你想吃什么?"而是要说:"我们要吃水果,因为水果里有丰富的维生素。你来决定:你想要香蕉和酸奶,还是要混合的水果汁?"

孩子看到我们能尊重他们的决定,就会慢慢开始觉得自己是一个独立的、值得尊重的个体。

但是绝对不要试图欺骗孩子。即使有时候孩子的选择不是我们想要的那个答案,也要尊重他们的决定。

问一问孩子是什么原因使他们做出了这样的决定,并对他们的洞察力表示赞赏。

**创造机会让孩子觉得"我能行"**

很多人认为,如果对孩子严加批评和惩罚,或者让他们经历所谓的"必要的失败",孩子就能变得坚强、淡定、有安全感。

事实上,科学研究表明,让孩子体验成功比体验失败更具教育意义,这一结论通过全世界无数父母的教育经验得到了证实。

孩子需要感受到自己的能力,即能够在所做的事情中取得成功。

但是生活中,由于我们的期望超出了孩子的发育水平,或是由于我们没教会孩子处理问题的方法,孩子总是历经失败。随着失败而来的往往是我们的指责,这进一步放大了孩子的挫败感,比如我们会说:"这样你才能长教训!""现在你看见了吧?""我早就知道……"

经证实，这种认为生活中的失败或任何其他形式的打击能激发孩子的潜力，促使他们奋起反抗的想法是完全错误的。相反，挫败感很容易造成灰心沮丧，使孩子放弃努力或丧失行动力。而成功的体验则会增强孩子的自尊心，激发他们的热情，让孩子对接下来需要应对的挑战充满希望。给孩子创造成功体验并不需要他们去完成什么大事，生活中能增强孩子安全感的机会不计其数，最简单的，比如18个月的时候他们成功地爬上椅子，或者3岁的时候成功地扣上了扣子，比较难的，比如跟小伙伴吵架后怎么和好。当然反过来也一样，总是替孩子完成所有事情，或孩子一做什么事就预言他们会搞砸，这种让孩子感到"自己什么都做不成"的事情也数不胜数。我们应该把握好让孩子体验什么程度的困难，我们给孩子选择的挑战应该不至于让他们惨败，但同时又不能太简单，要能让他们体验到战胜困难所带来的成就感。

**让孩子做家务**

让孩子自己做家务有两个好处：首先孩子会觉得自己对房子的管理也有一份贡献，同时孩子还会感觉到有责任把任务圆满地完成，不能半途而废。善始善终地完成一项任务能让孩子对自己的能力更加自信。

我们可以只是让孩子玩完了以后把玩具收起来，或安排给他们稍微重一点的任务，比如把垃圾扔到街上的垃圾回收处，或把洗好的袜子配对。

但是要注意:交给孩子的任务一定要符合实际,不要期望他们能像成年人一样干活,而且给他们布置任务时不能过于笼统和复杂,否则他们会听不懂,也没有办法正确地完成。

例如,"收拾一下房间"这对大部分孩子来说就是一个过于笼统的任务;孩子一开始在问题的理解上就受了挫,接下来可能根本不会动手去执行任务。相反,我们给孩子的任务要非常明确,用简单的话告诉孩子我们的要求,这样他们才能听明白,比如:"我想让你把玩具放在架子上。"

如果需要的话,我们可以适当去除会给孩子完成任务带来麻烦的障碍,给他们提供必要的帮助,但最后一定是让他们自己去克服困难。

根据孩子的年龄,让他们参与到日常生活中来一起解决问题:从如何打包包裹,到如何摆放食品柜里的盒子,或怎么设计一个能快速给阳台上的花浇水的系统,等等。

每次都要尽可能地告诉孩子,解决同一个问题可以有不同的方法,做决定的时候要考虑到每种方法的优点和缺点。

**给孩子分析取得成功的原因**

乐观主义的本质其实并不在于讲述自己成功的故事或想象自己胜利的场景,而在于意识到自己成功的原因或不成功的原因。这种意识是在童年时期培养起来的,并且将伴随孩子的一生。

因此,永远不要不加区分地用宽泛的词语夸奖孩子,比如总是说:"好样的!棒极了!太厉害了!"如果别人在我们做得不好、没有完成任务或做错了的时候还夸赞我们,我们都会生气甚至会觉得被冒犯了,因为这种做法传达给我们的信息实际上是:"毕竟你只能做到这样了,你不可能做得比这更好。"

心理学家马丁·塞利格曼指出:"无论孩子做什么都夸奖他们做得非常好,不根据每次的实际情况给出一个客观而具体的评价,这样对孩子根本没有帮助,只会让他们过于自满,一旦他们的梦想无法实现或没能满足别人对他们的期望,他们就很容易陷入抑郁。"

因此我们要肯定孩子所取得的成果,同时如果他们努力了但没有取得成功,我们也要帮助他们认识到这是为什么。从另一方面来说,孩子们是非常敏感的,他们能够清楚地判断哪些是真正的赞扬,哪些是不真诚的。

所以我们始终要让孩子知道能成功完成任务的原因:

"我看到你先把餐具拿走,然后再把盘子摞起来。你这个主意非常好!因为这样盘子就不会滑落和摔碎了。"

"你的数学得了'优+'。我之前就知道你会考得很好的,因为你的乘法表学得很好。你知道吗?如果想做工程师、设计师或飞行员,数学都要学得很好。"

## 跟孩子一起讨论不成功的原因

不要不看具体情况就一味地赞美孩子,尤其是在他们努力之后显然没有成功的时候更不要夸赞,这是对孩子的一种尊重。

### 乱七八糟的水彩画（情景一）

斯蒂法诺垂头丧气地挪步到爸爸面前，打开一幅画得乱糟糟的水彩画给爸爸看。

"画得好极了！"爸爸评论道。

听了爸爸的话，斯蒂法诺把画卷起来直接扔到了垃圾桶里。

"为什么啊，真的好看极了！"爸爸仍坚持这么说，斯蒂法诺不耐烦地跑过去把头埋在了沙发里。

当孩子把事情搞砸的时候，我们最好分成四个步骤来应对：

1. 客观地表述所发生的事情，不要带有任何评价。

2. 做了糟糕的事情后孩子会感到丢脸和沮丧，所以第二步我们要认真倾听孩子的这些感受。

3. 通过询问他们一些问题，试着让孩子看到情况不那么糟糕的一面，引导他们思考如何应对眼前的情况。

4. 帮孩子回忆他们以前成功的经历，想一想前几次是怎么克服困难的。

下面我们重新拍摄一遍刚才的场景：

1. 客观地表述所发生的事情，不带有任何评价：

"图案画得很好看，但是颜色涂得有些乱了。"

2. 倾听孩子的感受：

"你感觉呢？你不喜欢吗？"

3. 引导孩子回想事情发生的过程，分析思考，找到解决方案：

第五章 新时代父母更注重培养孩子的自信自主能力

"为什么会出现这种结果呢？……用的纸太容易渗透了？……调水彩的时候水太多了……画笔与纸的接触时间太长了？"

要注意，我们不要给出答案，也不要告诉他们应该怎么做，只需要提出一系列问题加以引导，最后由孩子自己想出解决办法：

"那我再试一下……"

"我去问一下老师怎么才能让颜料不这么稀……"

"我用其他纸试试看……"

4. 帮孩子回忆以前成功的经历，想一想前几次他是怎么克服困难的：

在承认失败和了解到孩子失望和愤怒的情绪之后，我们应该开始引导孩子换个角度看问题，像我们这本书开头所讲到的，半空的杯子也是半满的。和孩子一起回忆一下以前他成功的经历，以及他以前失望的时候最后是如何通过自己的努力让情况好转的。

"我看到你不太开心。可能你今天情绪不好或者有哪里不对劲儿。你可以再试一次。我相信你肯定可以做得更好。"

但是要注意，通过把事情的结果最小化来鼓励孩子是没有用的，相反会让孩子失去再次亲自努力改善事情的动力。例如下面的这些说法都是不起作用的：

"你会看到事情会变好的……"

"什么事也没有发生……"

"别人做得更糟糕。"

"偶尔一次没做好很正常，一点儿都不可怕。"

孩子失败以后能分析出导致其失败的外部条件当然是很重要的，但是从另一方面来说，他们也应该意识到自己的责任和不足，思考自己怎么做才能使事情好转。这样做能让孩子看到自己的潜力，让他们感觉受到了别人的理解和尊重。大多数情况下孩子们都能独立找到解决办法，从而感觉到自己有能力改变发生在身上的事。这样一来，失败就转化成了他们对自我的认知和对自身能力的信心。

**多给孩子积极的评价**

我们对孩子的每个消极评价，都会强化孩子内心认为自己不行的想法。比如孩子有把自己的东西随便乱放的习惯，如果我们不断地斥责他们说"你真是什么活都不干""你太懒了"或"你就不能干点事吗？"，慢慢地孩子就会真的开始认为自己懒，觉得自己邋遢。这样一来，一旦他们确信自己就是邋遢、不整洁、懒惰，不仅孩子会觉得按照这样的期望去表现是再正常不过的事情，我们也会按照自己给孩子贴上的"标签"将他们的行为对号入座，我们会不自觉地强调符合这个标签的表现，对不符合的部分则不予以重视，比如我们会说："今天你是怎么了？你竟然自己把脏衣服放在洗衣篮里了？！"慢慢地，这些消极的评价会像野草一样蔓延，而且会一遍遍地得到印证和加强。这就是专家所说的会成真的预言。

下面我们会看到一个对照表，左侧一栏里的说法给孩子套上一个固化的模型，孩子将很难从中挣脱；而右侧的一栏则仅仅是评价孩子某一次具体的表现，不是一成不变的。

## 第五章 新时代父母更注重培养孩子的自信自主能力

· 第一栏的句子是宽泛的、永久性的、总结性的。

· 第二栏的句子是具体的、可以改变的,只针对某一次特定的行为。

如果我们意识到自己有使用第一种句子的倾向,那最好找一天随身带个笔记本,记录下我们对孩子说的话,然后抽出必要的时间反思自己,想想应该如何改变我们与孩子的交流方式。一开始可能需要我们多付出一些努力,但这是值得的:我们会为所取得的成果而感到惊讶。

| 消极的评价 | 积极的评价 |
| --- | --- |
| 宽泛的评价<br>· 你很坏!<br>· 你简直跟我一样,踢球完全不中用。<br>· 你从来不跟其他小朋友玩耍。你太害羞了。 | 具体的评价<br>· 今天你对你姐姐太过分了,你扯她的头发,还撕掉了她画的画。<br>· 现在你知道了,下次踢球的时候不要看对手,应该盯着球。<br>· 你需要点时间去认识新朋友。 |
| 永久性的评价<br>· 我跟你说了把衣服整理好,为什么你总是不按照我说的做呢?<br>· 保姆跟我说你哭了一整天。你总是这么敏感。<br>· 你总得惹点儿什么事!你真讨厌!你肯定是哪里有问题。 | 可以改变的评价<br>· 我跟你说过衣服要整理好。你打算什么时候去整理呢?<br>· 保姆跟我说你哭了一整天。跟我说一下怎么回事吧……<br>· 你做一件事情之前要先好好想想,预测一下你做了之后会发生什么。 |

续表

| 总结性的评价 | 只针对某一次行为的评价 |
|---|---|
| ·你们兄弟两个都是自私自利的家伙！<br>·又考了这么差的分数！我不得不说你真不是学习的料啊……<br>·你的房间像猪窝一样！你真是太邋遢了！总有一天我要把你所有的东西都扔掉。 | ·你们应该学会分享一些玩具，两个人一起玩。<br>·又考得不好吗？你应该沉下心来，学习再努力一些。我们来看看你哪里需要帮助。<br>·你的房间看起来像个猪窝。今天下午看电视之前，你好好整理一下。如果你需要的话，我可以告诉你怎么整理。 |

 "那你来做吧！"

马里奥有两个孩子，乔瓦尼今年5岁，姐姐西尔瓦娜9岁。这天马里奥拎着一个大包裹回家，还没等他进门，两个孩子就冲上去把包裹从他手里抢了过来，迫不及待地开始拆包装。盒子上印着未来航天器的图案：空气动力型赛车在挂满星星的太空驰骋。乔瓦尼和西尔瓦娜因为这突然到来的幸福而感到无比开心，他们俩一边一个，抓住爸爸的胳膊拉着爸爸转起圈来。"真是难得，他终于记起来他还有两个孩子了！"他妻子自言自语道。

"每个人都能用这些东西拼出一个自己喜欢的模型。"马里奥说。西尔瓦娜选择了一个最难的模型，然后很快就做好了。乔瓦尼也尝试着拼凑各个小部件做出他所选的飞船模型，而且努力地跟上姐姐的速度，但是他没能拼装出什么像样的东西。

父亲注意到乔瓦尼很沮丧，感觉自己必须做点儿什么帮

第五章 新时代父母更注重培养孩子的自信自主能力

> 助他，于是爸爸开始安慰乔瓦尼："你做得很漂亮啊！"他说，"这是一艘非常漂亮的飞船！"
>
> "它太恶心了！"乔瓦尼噘着嘴回答道。
>
> "哪儿有，快来！我来帮你！你看着点儿，我们做出来的飞船肯定比西尔瓦娜的还漂亮！"
>
> "好吧，那你来做。我看着你做。"乔瓦尼一边说，一边失落地从眼角瞟了一眼西尔瓦娜的作品。

在这个案例中，爸爸的初衷是好的，但结果却不尽如人意。

·不真诚、撒谎：乔瓦尼做的飞船明明不好看。乔瓦尼自己也看出来了，而且下了简明扼要的定义："它太恶心了！"

·爸爸没有教给乔瓦尼怎样把小部件拼接在一起，而是替他做。虽然没有明说，但这种做法所传达的隐含意思非常明确："因为你不会做，你就放弃好了。你不要管了，我来替你解决问题。"

·没有询问乔瓦尼为什么认为自己的作品"太恶心了"。

·最严重的一点：自己代替孩子去完成任务，就等于证实了孩子对自己的消极评价。

家长往往认为为了保护孩子的自尊心不受伤害，就要避免让孩子经历失败。"事实根本不是这样的，"著名儿科医生贝利·T.布拉策尔顿（Berry T. Brazelton）解释说，"挫折体验是非常重要的，因为挫折可以教会孩子如何处理与现实的关系。关键在于不要让挫折在孩子身上留下挫败感，破坏孩子的自尊和对自己能力的信心；

相反，挫折应该作为一种刺激，促使孩子们掌握克服障碍所必需的技能。"

其实一切都归于如何去解释问题，取决于我们阐述问题的角度和方式。

爸爸本来可以换种方式帮助乔瓦尼，应该对他的失落感表示理解，告诉他爸爸小时候也不知道该怎么把玩具的各种小部件组合在一起，从而减轻乔瓦尼的失落感。然后通过一系列的问题引导他去思考和尝试，耐心地等待他自己想出办法。

第六章
父母的语气和态度里面大有文章

毛毛虫的末日，对蝴蝶来说却是生命的开始。

——中国古代谚语

  从生命最开始的几年起，我们就逐渐建立起了自己看待世界的方式，这种方式会一直伴随我们到生命的最后一刻。看待世界的方式会决定我们选择自己是做毛毛虫还是蝴蝶，态度积极还是消极，我们是把挫折看作成长的机会，还是被抑郁的情绪淹没。

  人们说，这是性格问题。但性格是怎么形成的呢？实际上性格是由我们从小就选择采用的观点决定的。同样一件事，有人会把它看作是结束，也有人把它看作开始——这取决于我们看事情的角度。

  我们前面已经看到，不幸和人们看待不幸的态度之间并没有直接关系。那些在生活中曾遭受过无数次打击的人是如何依旧保持平静和乐观的呢?

"乐观主义者是天生的,悲观主义者是后天造就的。"这个俗语中的确蕴含着一部分真理。儿童对生活的艰辛和恶意一无所知,他们眼睛里的世界是童话般的粉红色——悲观主义是难过的经历留下的苦果。

下面我们就来看一下该怎么帮助孩子正确面对这些苦涩的经历。

**我们的态度是如何影响孩子情绪的**

我们倾向于成为乐观主义者还是悲观主义者,的确是一种天生的特质,但并不是不可改变的。

很多乐观主义的狂热支持者认为,无论付出什么代价都要保持积极的思想,多年以来他们一直相信只要每天重复"我正在变得一天比一天优秀""事情会进行顺利的""没什么好担心的" 这类的句子,就能创造奇迹,把不知满足的怨妇变成不折不扣的乐观主义者。

但事实并非如此。学者们经过无数研究所得出的结论是:像巫师一样诵读咒语或在脑子里不断想象胜利的画面,并不能培养出乐观主义。乐观主义需要教和学,而且要像母语一样,日复一日本能地习得。

下面我们举一个日常生活中经常发生的例子。

"今天怎么样?"乔治又热又累地从学校回到家,从他的表情

## 第六章 父母的语气和态度里面大有文章

可以看出来肯定发生了什么事情。

还没等他把装满书的书包扔在地上,妈妈就问了这个每天都会问的问题:"今天怎么样?"

问这个问题时,语气和态度不同,我们所传递给孩子的信息内容也会是不一样的。

## 情景一:保护式的语气和态度

"今天怎么样?"妈妈用担心的语气问。

"不好。"乔治回答说,他说这话的时候,在试图选择一种顺应妈妈情绪的委屈语气。

"啊,小可怜!发生了什么事啊?"妈妈继续用相同的语气问乔治。

(妈妈把乔治定义为"小可怜"的时候,实际上已经在向乔治传递认为他是受害人的信息。)

"我们新换了一个数学老师。她讲得特别快!"

"啊!讲这么快你怎么跟得上她?现在这些老师都不关心学生了,他们关心的只是完成课程进度。这种情况我知道……这件事交给我吧!今天我就给你的老师打电话,你不要担心,我会跟你老师理论的!"

## 情景二:审问式的语气和态度

"今天怎么样?"妈妈问道,问问题的同时她已经准备好了接下来要用一连串的责备、劝告和警告朝乔治"开火",这是很日常的状态。

"不好,数学老师是个混蛋!"他生气地回答。他这么回答的目的,是想把自己从辩护的立场中开脱出来,转成对老师进行指责的立场。但是妈妈在他再次开口前立刻阻止了他。

"你很厉害啊!不学习还在这里发脾气!我倒是想整天都去学习,一点儿问题都没有,而不是必须一天到晚地工作!"

"但是我真的是有问题啊!学校给我们换了数学老师!新老师是个笨蛋……"

"对啊,瞧见了吗,因为老师给你布置作业,她就是个笨蛋!她只是要求你做了你应该做的事!"

"唉!"乔治叹了口气,为了不再听到妈妈的教训,他只好躲进了自己的房间里。

## 情景三:跑题式的语气和态度

"今天怎么样?"妈妈问,她只是随口问一下,对问题的答案并没有任何兴趣。

"不好!"乔治很沮丧地回答。

"加油啦,不会这么惨的!我给你做个夹心面包。"

"好的,谢谢!我很担心我的数学……"

"你要夹火腿还是奶酪?"

"奶酪……真的太难了!老师给我们布置了能堆成山的作

业……"

"好了，毕竟你又不是爱因斯坦，我也不是……"

"好吧，但是……"乔治没再说下去，他拿起面包咬了一口。

**情景四：批判式的语气和态度**

"所以，今天怎么样呢？"妈妈问道，她知道跟往常一样这次肯定"出了点儿状况"。

"我们换了数学老师，我一点儿都不喜欢她。"

"哟，你可真厉害！我怎么感觉根本没有你喜欢的东西呢？你就是觉得整个世界都得绕着你的想法转……"

"但是妈妈……"

"我不想听任何理由。反正你觉得永远都是别人的错！永远都跟你没有关系！"

· 第一个情景中，妈妈根本还没有弄清楚孩子为什么作业做得不好，就开始对孩子表示同情。

· 第二个情景中，妈妈完全是在说教，而且预先假定学生如果和老师有矛盾，那无论情况如何，错的总是学生。

· 第三个情景中，妈妈在逃避问题，不关心孩子的感受如何。

· 第四个情景中，妈妈直接明确地说自己不想听。她因为成见而思想顽固，根本不知道发生了什么事就拒绝了与孩子沟通。

以上所有的例子中，家长都没能听取孩子的想法，忽视了孩子的感受。孩子没有办法详细说出自己的感受,更觉得失败和无力:我什么都做不了,无法摆脱这种糟糕的情况。

## "镜像技巧"让亲子沟通更顺畅

### 从来没说过的一句话

"跟我讲一讲吧。"在我的一生中,从来没有听到过父亲跟我说这句话。要说他对我的质问,那可是太多了!

"你做了什么?""你去哪里了?""你说什么?""我要求你一五一十地告诉我是怎么回事!"……

但是"跟我讲一讲……"这句话,他从来没说过。

(维塔利亚诺,53岁)

会激怒孩子的态度和会帮助孩子敞开心扉的态度之间的界限,其实非常微妙。用词的细微差别、语气、难以察觉的眼球转动或手的姿势变动,都会展现出两种截然不同的态度。

我们如果想真正倾听孩子的心声,必须抽出充足的时间,而且更重要的是保持真正愿意倾听的态度。放下手中在做的事情,离孩子近一点儿,轻轻地亲吻他们,拥抱他们,让他们感受到我们的爱。

要仔细听孩子的讲述,并在恰当的时候说一些鼓励他们继续讲下去的话:"你感觉就像……你是不是想说……你听听看我是不是明白了你想告诉我的东西……"

第六章 父母的语气和态度里面大有文章

这种做法就是沟通专家所说的"镜像技巧":告诉孩子我们是如何理解的,把自己当作一面会说话的镜子,把孩子的情绪映射给孩子。这样孩子就能认识到自己的情绪,并学会如何表达情绪。

如果家长学会了运用"镜像技巧",上文关于"你今天怎么样"的案例完全可以有另外一个版本。家长静下心来仔细倾听孩子讲述原因和感受,并且将孩子对事件的解释反馈给孩子,让他们意识到自己的想法,同时把他们的消极观念"通报"给他们。

"今天怎么样?"妈妈问道,她语气里没有透露出任何焦虑或破罐子破摔式的悲观,而是充满了真诚的关心。

"不好!"

"那我很抱歉……"

"新来的数学老师……她是个……"

"她对你不友好吗?"

"她对我发火了。"

"跟我说一说是怎么回事……"

"我请她把一个问题重新给我讲一遍,但是她回答说:'下次再讲,你听课认真点儿!'"

"然后你就很不好受……"

"嗯,是啊!"

"……你是害怕功课落下。"

"我很生气,同学们都开我的玩笑,但是他们其实也不明白老师讲的东西！"

"你觉得她讲得太快吗？"

"当然觉得！"

"你觉得接下来怎么办呢？"

"我不知道……或许我可以等下课了再去找她重新给我讲……"

"这样你觉得会好一些吗？"

"是的，因为这样她就不能当着全班同学的面冲我喊了……"

"可能她会很高兴呢，因为她会看到你对数学很感兴趣……"

这位妈妈没有做任何评论，也没有像审讯一样问孩子问题。她没有问为什么不好（因为这样免不了就会带入评判），而是问怎么回事。她只是让孩子讲一讲所发生的事情，没有发表任何的评论，也没有表明任何立场，而是帮助孩子表达自己的感受："她对你不友好……你感觉很不好受。"

建议、说教、劝诫、警告、命令等方式，都会让孩子摆脱自己解决问题的责任。

相反，如果我们只是集中讨论孩子已经自己发现的问题（"你感觉……""你想要……""给你的印象是……"），反而能帮助孩子分析问题、理清他们自己的感受，突破孩子最开始的本能反应，找到一个建设性的方案。同时，孩子也会变得更乐于接受不同于自己的观点。

如果孩子感觉自己没有被贴上标签,没有受到威胁或者批判和嘲笑,或被审讯,大人也没有对他们表示过于同情,那他们就会很容易接受他人的观点。

## 三个原则帮助孩子了解自己内心真实的想法

- **倾听孩子讲道理**

当孩子需要表达自己的想法时,无论我们多想教育他们,都要有意识地让位,让他们先说。不要急不可耐地纠正他们,急着把我们所认为的唯一正确的答案告诉他们,而是跟他们一起寻找解决问题的方法,且不限于一种方法。同时我们还要做好准备,我们的一些观点和深信不疑的信仰都可能受到怀疑。

这样的话孩子就会放开自己,感觉没有为自己辩护的必要,从而把精力集中在需要解决的问题上。

- **不要评判孩子的情感和愿望**

要让孩子知道我们理解他们对某些东西的热衷、尊重他们的品位,虽然有时在我们看来不合逻辑也缺乏理性。我们不要评判孩子所说出来的"不良"想法,而是要尝试弄清楚这些想法是从哪里产生的,通过提问题引导孩子周全地考虑到事情的各个方面,进而引发他们反思。

美国心理学家卡尔·罗杰斯(Carl Rogers,1902—1987)指出:

"儿童必须有完全信任的人,对这些人他们能够公开地自由表达自己消极的想法,而不会感到羞耻或有负罪感。""如果孩子意识到大家偶尔都会有消极的想法,甚至是爸爸妈妈也不例外,那他们的自尊感就会得到提升。"

> **只需 5 分钟就足够**
>
> 由于没有足够的时间了解孩子,我们往往会误以为自己所担心的想法就是孩子真实的想法。实际上我们只需要每天在特定的时段拿出几分钟专门陪陪孩子,就可以与孩子建立更深层的联系,更好地理解他们的想法。
>
> 我们可以利用早上送他们去幼儿园或学校的时间,或者晚上睡觉前腾出一段时间,创造出专属于跟孩子互相吐露秘密的亲密时光。
>
> 孩子们可以借着这样神奇的共处时光打开心扉,他们放心地把小脑袋里闪过的所有想法都一股脑儿地说出来,再也不会把灵魂中的阴暗地带封闭起来了,因为他们知道在我们这里能够寻得帮助、得到安慰。

- **提出问题,而不是给出答案**

即使孩子说出的是最古怪的言论,我们也要问:"你觉得为什么是这样?"而且要养成习惯,经常问孩子这句话。

"我?我怎么认为?!"孩子心里可能会这么想,因为对孩子来说这个问题很不寻常,会让他们感觉不安。平时的等级关系反转了:虽然只是在这短短的瞬间,但是他自己代替家长扮演了专家和顾问的角色。他意识到自己竟然也可以有自己的见解、观点和看法,而且我们居然想知道他们的看法。如果孩子说的一句话中有一半是对的,那我们先不要纠结不准确的那一部分,而是先肯定对的这部分的价值,然后以此为切入点,一步一步地引导孩子更深层地理解问题的复杂性。

第七章
如何培养乐观向上的孩子

### 青蛙比赛

有一天,整个国家里的所有青蛙都聚集在一起,它们要比赛看谁能到达塔顶。人们纷纷来到广场观看比赛,给青蛙们加油喝彩。

"它们爬不上去的。"人们说,"青蛙怎么可能爬得上这样的墙呢?""太可怜了,它们会掉下来把骨头都摔碎的!"

有些青蛙听到这些话就灰心了,它们决定放弃,于是一跳一跳地悄悄逃走了。其他的青蛙看到同伴逃走,又听到人们还在不停地说不相信它们的话,于是也打了退堂鼓,一个接一个都放弃了。最后只剩下一只固执的青蛙没有放弃,它历尽千辛万苦,英勇地到达了塔顶。

当这只获胜的青蛙英雄回到广场上,人们将它团团围住,记者、电视台都要采访它,聚光灯也一直对着它照。

如何教出好性格的孩子

"青蛙先生,请问您是怎么做成这件伟大的事情的?"他们异口同声地问。这只青蛙微笑着,什么话也没说。又过了一会儿,青蛙还是不说话,记者们都厌倦了,于是放弃采访它了。它应该是有点儿傻。他们心里想,然后都转身离开了。

最后广场上空荡荡的都没了人,一只老青蛙跳过来,它来到获胜的青蛙旁边,用青蛙语问它:"你跟我说说,你是怎么爬上那个塔的啊?"

获胜的青蛙看着老青蛙,还是没有回答。老青蛙这下才明白,原来赢得比赛的青蛙……是个聋子。

这则童话告诉我们一个道理:不要听取那些会浇灭你内心希望之火的消极评价。

### 慷慨的马太

马太今年五岁,这天他和奶奶在快餐店吃东西。他先是狼吞虎咽地吃了一个大大的汉堡,然后忍不住又点了一个冰激凌。一会儿冰激凌拿过来了,是满满的一大杯!

"能给我尝一小口吗?"奶奶害羞地问马太。

"不行。"这个小自私鬼干脆地回答。

"我让你喝一口我的橙汁。"奶奶提议说。

马太睁大了眼睛,允许奶奶把勺子伸进他的冰激凌里。奶奶夸他真是个慷慨的孩子。

## 第七章　如何培养乐观向上的孩子

很多人可能会觉得马太是个无比自私的家伙。但心理学家说，这样的表现对处于这个发育水平的孩子来说是很正常的，我们不用担心。奶奶选择了非常正确的策略：她提出用某些东西来交换，这样孩子就觉得放心了，因为他从中也能赚到"利润"。

另外，奶奶还表扬了马太的慷慨，虽然事实上他一点儿都不慷慨。但是，通过这种方式可以给孩子一种激励，帮助他成为真正慷慨的人，更重要的是也可以增强他的自信心。

"儿童并不是体型缩小版的成人，"美国心理学家尤金·安德森（Eugene Anderson）说，"儿童有他们的特定特征，因此我们对待他们的依据必须是他们现在真实的样子，而不是我们想要他们成为的样子。"

如果不把儿童的这些特征考虑在内，我们就很容易觉得孩子沉默寡言、自我封闭，是悲观的失败论者，而且总对别人持怀疑态度。那么这些儿童特有的特征具体是什么呢？

在生命最开始的几年，儿童出于天性会表现出以下特征：

• 冲动。他们把注意力全部集中在当下，因为他们无法想象未来，他们什么都想要而且马上就要，完全不会担心时间恰不恰当、有没有说错话或做错事，他们只想达到自己的目的。

• 以自我为中心。 孩子会觉得整个宇宙都围绕着自己转，意识不到周围的其他人。他们做不到褪去自我的外衣来换位思考，无法用别人的视角看待这个世界。

• 思维具体化。很多研究表明，在九岁以下儿童的心目中，妈妈的形象都被简化为一系列她们经常做的事务,如"妈妈买菜""妈妈煮面""妈妈出门去上班"。只有到了临近青春期时,他们才能发现妈妈抽象的个人特征:"妈妈很深情""她很爱我""她比较严肃"。

• 保守。他们总是模仿小伙伴穿什么样的衣服、剪什么样的发型,跟伙伴们读一样的书,选择看同样的电视节目。

• 寻求回应。一方面他们会采取避免惩罚的行为,另一方面他们需要获得承认和鼓励,从而学会今后该怎么正确表现。

### 给孩子更多积极的信息

我们可能意识不到,我们传达给孩子的大部分信息往往都是消极的。

"你不想学现代舞,你就是太放不开了!"

"我花这么多钱让你去学笛子真是一点儿用都没有,反正你也不努力学……"

其实我们应该更多地通过表扬孩子能做得到的事不断激发孩子的能力,而不是盯住他们的缺点不放,不断强调他们不会做的事。

往积极的一面看,能产生改变结果的非凡力量。

比如,当我们想让孩子去做一件事的时候,往往只需要让孩子看到做这件事情积极的一面,这样他们就能自己主动地想要去付诸行动。

我们不要说:

## 第七章 如何培养乐观向上的孩子

"你看你脏成什么样子了！快点儿去洗脸！"

让我们试试看这样说：

"去洗洗脸，这样我就能看见你有多漂亮了！"

我们不要说：

"你的房间像猪窝一样。我要求你今天晚上之前必须全部整理好！"

让我们试试看这样说：

"我很喜欢你把书都整齐地摆在书架上。如果你能把衣服也放得整齐点儿，我会很开心的。"

生活中我们可以找到非常多的机会扮演成孩子的热情小粉丝，而不是消极地抱怨指责他们。坚持这样做所取得的成果也会让我们大吃一惊的。

### 给孩子积极的反馈

美国心理学家索尔·塞维尔（Sal Severe）讲道："最近 20 年我花了很多时间给'问题儿童'制定课程，所谓的问题儿童就是那些因为具有破坏性行为而无法进入一般学校上学的孩子。虽然他们的问题都非常严重，但经过一个星期的学习，几乎所有孩子都取得了一定的进步。认识这些孩子、知道他们先前的'光辉事迹'的人都表示非常惊讶。为什么他们能在这么短的时间内取得进步呢？其实答案非常简单：工作人员不再突出强调他们的错误行为，而是只关注他们的积极行为，因此工作人员给这些孩子的全都是积极的反馈，孩子自然而然也就改变了态度。"

什么是积极反馈？很简单，积极反馈就是永远都把聚光灯投射在没有问题的那一部分上。但是家长的做法经常恰恰相反。塞维尔解释说："我们总是倾向于给孩子指出他们做得不对的地方，因为他们做得好的事情我们会认为那是理所当然的。"

如果我们认为孩子天天都会惹麻烦，那我们肯定每天都会在他们身上发现麻烦的事。我们会告诉保姆："他一直动来动去，一会儿也闲不住。" 我们跟孩子的老师说："这个孩子很麻烦，会有点儿难教。"一旦家长在脑子里形成了这种印象，认为孩子总是麻烦不断让人头疼，那我们和其他人看待孩子所有的行为时，都会首先去套用我们给孩子定义的模型，一遍遍去印证既有的预言。

让我们来试试如何扭转这种情况。我们不要着重强调孩子消极的方面，相反，我们要让大家看到孩子身上优秀的地方，要向老师、向我们自己和孩子都传达一种积极的安全感：孩子能够管好自己，能好好表现。 即使孩子犯了错，我们不一定非要责骂他们，我们可以说："你平时表现可比这好多了，这可不像你。"

**眼神里充满无条件的爱**

上面这条规则同样也适用于孩子的学习过程。也就是说，我们要强调孩子所取得的积极成果，利用这些成果激发孩子对自己能力的信心和主动性，点燃他们继续努力的欲望。

我们要先帮孩子建立起信心，使他们相信自己拥有让情况向好

## 第七章 如何培养乐观向上的孩子

的方向转变的能力,只有在这个前提下,我们才可能进一步找到弥补孩子缺点的方法。调查结果表明,跟那些习惯于直接指出孩子的错误、强调其不足的老师相比,比较热心的老师的确能取得更好的教学效果。

例如,如果孩子们交给我们一份错误很多、上面满是批改痕迹的作业,而字写得非常漂亮,这时我们第一反应肯定是责问孩子为什么有这么多错误,但是一定要控制住这种冲动,先找个理由夸奖孩子一番:"嗯,我必须承认你的书法真的进步了很多。我相信从今天开始你肯定会更努力地学习的。我们一起来看看你哪里错了,研究一下我们怎么才能补救……"

把孩子介绍给其他人时也是一样,首先要把孩子的优点列出来:他开朗、热情,很有活力。至于缺点嘛,其他人有的是时间自己慢慢发现。

要做到很好地运用好这条规则,很重要的一点是,我们自己要摆脱对孩子僵化的评判模式,改变之前建立起来的习惯性反应,去除所有的成见,用全新的眼光重新看待我们的孩子,重新找回著名心理学家卡尔·罗杰斯(Carl Rogers)所谓的"洋溢着无条件的爱的眼神"。

### 是呆头鹅,还是幸运果?

多年以来我一直非常讨厌去参加女儿的家长会。因为每次老师跟我的谈话内容都是一样的。"米卡拉在学校怎么样?"我问,老师们的答案总是相同的。他们往上翻着白眼对我说:"您想知道什么呢,夫人……她也倒是很友善,但是她一直走神,总是心不在焉。我让同学们打开算术本,她就拿出地理文件夹。我叫她到教室前面来回答问题,她穿着一只鞋走到讲桌前,因为她找不到另外一只了,惹得全班同学哄堂大笑。我在讲历史课,她问我十字军之所以叫这个名字是不是因为他们发明了纵横填字游戏①。总之,女士,我真的再也受不了她了!"

"她这辈子肯定是一事无成了。"我心灰意冷地对自己说。

这种情况一直持续到我们搬家后才出现了幸运的转机。当时由于多方面的原因,我们必须搬到另外一个社区去住。米卡拉也就跟着换了学校。我来参加与新老师的一次面谈,其实早就预见了内容还会是像往常一样的陈词滥调。

"啊!您就是米卡拉的妈妈?!"老师在我介绍自己后睁大眼睛惊叹道。

"看吧,现在又要开始了。"我心想。"不过您知道吗?米卡拉实在是太可爱了!她是我们班的幸运果。有时候大家考试考得不好,或者孩子们太累了坐在课桌前昏昏欲睡的时候,班级里的气氛就会比较沉闷,每当这时米卡拉就是我们的救星。她举起手来,我本来以为她要提问,结果她讲了一个大家都没听过的新笑话,这下给全班人都提了神,大家都从昏昏沉沉中清醒了过来。您不要担心,

---

① 意大利语十字军写作 crociate;填字游戏叫作 parole crociate,里面有 crociate 这个词。

## 第七章　如何培养乐观向上的孩子

夫人。生活中的困境最后总是会摆脱的，重要的是孩子能被喜爱。"

（特里，40岁，米卡拉的母亲）

### 寻找乐观的选项

面对最险恶和最艰难的条件也能发挥自己的聪明才智，遇到看起来无法解决的问题也能动脑筋想出办法，对自己充满自信，保持内心的平静，确信自己有能力战胜任何困难走出逆境。这些特征是在孩子的内心深处建立安全感的必要条件。

培养这些特征的秘诀就在于，即使在最困难的情况下，也要去寻找"乐观的选项"，这是以色列伟大的心理学家鲁文·菲尔斯坦（Reuven Feuerstein）提出的一个概念，它的意思并不是"做个乐观主义者"这样一种广义上的要求，也不是指那些认为"一切都会好起来的"的人所具有的平和信心。

它的意思是从眼下既有的情况出发，从各个可能的不同选择中寻找出一个具体的选项、一个实际的方案、一个可以翻越障碍的途径。

追求乐观的选项可以让我们思想开阔，为各种新的方法的出现提供思路；相反，过于强调事情的消极方面则会断绝进一步思考的可能，造成局面的僵化，迫使我们放弃。

其实后面一种做法要简单得多。我们不用付出努力，不需要下决心去改变，也不用费力去扭转局面。只需要举手投降就可以了。长此以往甚至形成一种轻易言败的消极态度，使我们丧失做任何事情的主动性。

## 四个建议

下面我们给出了四个重要建议,帮助家长培养孩子寻找乐观选项的能力。

- **教孩子学会设定目标**

通常来说,孩子们总是想马上得到他们想要的东西。如果他们得不到,就会很快把这个目标抛到脑后,迅速转变想法。

而我们要做的,是让孩子意识到自己有能力将尚未实现的愿望变成现实——只不过需要掌握正确的方法。因此,我们应该一直鼓励孩子说出自己的愿望,然后向他们强调为了实现这个目标需要哪些必要步骤,帮助孩子达成目标。

我们要尝试跟孩子一起规划如何一步一步地实现目标:"这有点儿难,但你一定可以做到。"确立目标并不只是激发孩子积极性的问题,而是一个非常具体的概念,因为目标同时又是手段。设定一个目标,从那一刻起我们就开始以目标的位置为起点,回过头来看看应该做哪些事才能达到目标:"我需要在哪个日期前达成目标?我需要别人的帮助吗?我需要什么材料?我要到哪里找这些材料?……"因此这个过程中孩子的耐心、意志力和毅力等方面的素质都会得到提升,这些对实现目标来说都是至关重要的品质。

虽然孩子还很小,但是让他们知道我们行动的原因也是很重要的。比如只说"现在我们来收拾桌子"是不够的,一定要再加上一句:"这样我们就可以在桌子上吃东西了。"

第七章　如何培养乐观向上的孩子

让孩子把他们的愿望讲给我们听，即使有时候我们觉得他们的想法只是些没有边际的幻想。当面对这样一个无法实现的梦想时，我们不要马上说"这是不可能的"，然后终止对话。相反，我们应该表现出理解，告诉孩子我们心里也装满了各种各样的愿望，但是我们知道需要等待，因为实现愿望是需要时间的。

跟孩子一起设计方案，把梦想变成现实。"如果你星期天要跟爸爸一起去钓鱼，那前一天晚上你就要早一点睡觉，你还需要严格遵守爸爸的指示（不要到水里去，不要靠近火源），并且学会如何准备饵料。这会需要一些时间，但是你都做好了以后，我们就去买鱼竿和水壶……"借着这个机会，我们可以跟孩子一起思考讨论，为什么有些情况下我们需要放弃，有些情况下要再次尝试，教会孩子正确认识欲望的价值，品尝征服的滋味。

如果孩子玩拼图时遇到了困难，我们可以问他们接下来想要怎么做：是想要按照颜色还是按照形状来选择碎片，这两种方法的优点各是什么。我们要让孩子自己来决定从哪里开始，然后邀请他们跟我们分享做出这个决定的理由是什么。

> **古列尔莫·马可尼的故事**
>
> 古列尔莫·马可尼（Guglielmo Marconi，1909年诺贝尔物理学奖得主）是意大利的著名科学家。据说他在高中时期，希腊语和拉丁语学得一塌糊涂，但却很善于拆卸和安装东西，无论给他多么复杂的设备，他都能找出问题并把它们重新修

101

好。

马可尼的妈妈一开始也曾努力想帮他把文学课程补起来,但是这些努力最后都失败了。后来她决定把重心转移到孩子擅长做的事情上来。妈妈不再让他去补习希腊语和拉丁语的课程,虽然按照常理来说这才是更合理的做法。她把能找到的各种小玩意都带回家给马可尼拆卸修理,让他去上物理课和数学课。多亏了妈妈如此有主见的决定,古列尔莫·马可尼最后成了伟大的科学家,第一个跨洋无线电报连接设备正是由他建立起来的。

## • 预言孩子一定能成功

"我们看看吧。"

"谁知道会发生什么事呢。"

"我们可以试试,但我觉得不行。"

"希望我们足够幸运。"

孩子如果经常说像上面这种语气的话,那他就很难想象自己能成功。但是相反,如果我们只是若无其事地对孩子说"你不用担心",不给他们任何具体的指导,孩子也同样不会受到鼓励。他们需要感觉到有各种现实的建议和开放的可能性摆在自己面前:

## 第七章　如何培养乐观向上的孩子

我确定：你肯定能做到！

"我确定你的表演肯定会成功的，因为你在非常认真地准备。我们一起来看看你觉得哪里比较难，这样就能避免到时候忘词了……你开场的方式非常好；有时候你可能忘了说话要大声一点，但是如果你能集中精力的话，一切都会没有问题的，这一点我确定。你还记得上次你成功地……"

### • 让孩子感觉自己是主角

当事情不顺利的时候，孩子可能会觉得世界一片黑暗，认为自己是被不幸击中了。

此时，一方面，我们要告诉孩子我们很能理解他们的失望和沮丧，我们会一直陪在他们身边；另一方面，如果孩子表现出了以下态度，我们一定要对他们进行纠正：

"我很不幸……"

"你看看发生在我身上的是什么事啊！"

"我没有一件事情是顺利的！"

"够了！一切都结束了！"

"这玩意就是跟我相克……"

有时候成败的确是运气的问题，这一点没错，但是教育孩子的时候我们要让他们学会分析不同情况下的优势和弱势。一方面要明白自己不是万能的，肯定有超出自己能力之外的事情，但面对客观存在的困难时，仍然要相信自己能够做到。

认为自己不行或完全听任于命运的人是不会给自己设立什么目标的,因为他们害怕失败。往往正是由于他们缺乏主角意识,感觉自己不是自己生活的主人,所以才无法给自己确立一个现实的目标,只得不断地经历失败。

### 太不幸了!

马可一瘸一拐地回到家,T恤也破破烂烂,胳膊肘上还有一大块瘀青。

"发生什么事了?"爸爸担心地问。

"被淘汰了!才第一轮!我们出局了。连四分之一决赛都没进!"

爸爸任由马可发泄情绪,他给马可端过来一杯水,还帮他脱掉了球鞋。

"被淘汰了!你明白吗?第一场比赛就被淘汰了!太不幸了!"马可还在不断地重复着。

"是啊,这当然让人不太好受……你们肯定很难过。"爸爸说。

"被淘汰了!"马可又叹了一口气。

"不过你们今年才第一次进入预赛。"

"我们真是太不幸了!"

"不过,你们毕竟也是从十个队伍中挑选出来的,也就是说你们也是精心准备过的。"

第七章　如何培养乐观向上的孩子

> "的确是。教练跟我们说,我们的守门员被对方的把戏给迷惑了,他本来应该看出来的。"
>
> "看见了吧,可能再到明年你们的经验就更丰富了……"
>
> "那是肯定的!"马可一下子精神了起来,"我敢打赌我们肯定能打进决赛!"
>
> "那还要看其他队伍准备得怎么样。但有一点事情是确定的:你们已经尽力战斗到了最后一刻,现在你们已经准备好重新开始了。"
>
> "对!我们会全力以赴的!"

马可的爸爸看出来孩子比赛失败了,对儿子的情绪有了正确的把握。同时,他没有把失败的原因总结为偶然或运气不好,而是在失败中看到了孩子成功的部分。

最后,马可不再盯着被淘汰出局这件事了,而是对下一场比赛充满信心。

太幸运了!

当时我跟我丈夫还有孩子们正开车跑在乡间的路上。在一个拐弯的地方,突然,一辆逆向行驶的皮卡车冲出来撞上了我们的车。我真的快吓死了。车全撞坏了。幸好我们都没事:真是太幸运了!

(玛利亚,32岁)

确实,玛利亚一家非常幸运。但是为了让孩子克服恐惧,摆脱这次意外造成的阴影,我们最好这样跟他们讲所发生的事情:我们的确很幸运,但我们这次能成功避开危险,还有一个重要原因是我们做得很好:我们都系着安全带,爸爸看到路很窄所以把车开得很慢。

- **给孩子做好榜样**

无论我们喜不喜欢,孩子们总是以父母为榜样的。因此,我们不需要特意摆出严肃的样子给孩子"上课",只需要做我们自己,就能把我们的价值观传递给孩子。正因为如此,我们要从自身做起,避免极端的行为或观念,比如虚伪,比如认同灾变论,摆出一副劫数难逃的消极架势。

如果我们成功了……

不要以夸耀的语气跟孩子炫耀我们的成功。我们可以跟孩子说一说我们在工作中所取得的成绩,表现出我们因为完成了一个困难的项目而感到很满足,讲一讲我们为了达到这个目标克服了哪些困难。如果我们在某方面取得了成功,也要让孩子知道,这倒不是说在孩子面前给自己"打广告",而是把我们自己的事情当作例子讲给孩子听,让他们看到我们这次取得成功的原因是什么——是因为严谨、勇敢、努力、勇气、坚持不懈,还是其他的优秀品质。

如果我们失败了……

如果我们失败了,我们要让孩子看到我们不是一蹶不振的悲观主义者,认为灭顶之灾无计可施,相反,我们在以发展的眼光看待眼下的情况；要让孩子看到，逆境之中我们是如何克服困难、寻找解决方案的，从而让孩子面对困难时仍能感觉心安。最后，当我们克服了困难时，要给孩子讲一讲我们做了哪些决定、采取了哪些行动来解决问题。

心理学家卡尔·罗杰斯说："为了把自尊意识传达给孩子，我们在生活中必须保持积极的自我评价。有些父母不断抱怨自己愚笨、无能、不幸、无知、丑陋，自己身体不好，一直闯祸捅娄子，所有人都背叛自己。像这样不断贬低自己的父母，所传达给孩子的信息不可能是积极的和鼓舞人心的。"

然而，这并不意味着父母要否认自己的缺点。只是我们在向孩子呈现我们这些天生的和无法逆转的缺陷时，需要注意，千万不要动摇到孩子对父母的信心。

## 第八章
## 假榜样

"我将来要当一级方程式赛车的空气动力学工程师。"(安德烈,10岁)

"我长大了要做兽医,去北海研究鲨鱼。"(西尔瓦娜,11岁)

"我要用第一个月的工资在蒙特卡洛买个房子,再买一辆'兰博基尼'和一台漂亮的电脑。"(茱莉亚,8岁)

"我长大的时候,想做亿万富翁。"(罗萨诺,8岁)

米兰圣心天主教大学围绕"我长大了要做什么"这一主题做过一项调查,调查中他们采访了13 000名小学生,结果显示,孩子的梦想有无数种:宇航员、模特、足球运动员、演员、一级方程式赛车手等。

但他们对工作的看法却是消极的,尤其是年龄较小的孩子。米兰圣心天主教大学发展心理学教授克里斯蒂娜·卡斯泰利（Cristina Castelli）解释说："这种消极看法的产生，首先是因为'工作侵占了父母在家中与孩子共处的时间'。在孩子看来，工作常常会破坏一家人亲密相处的时光，比如早上父母因为赶时间上班变得行为粗暴，他们关于工作的表述也常常带有负面情绪，例如'动作快点，我还要去上班'或'我很累，我工作了一整天了'，再或者'听着，我没办法给你买这个玩具，因为我没有赚到那么多钱'。"

从我们所传达的所有这些信息中，孩子必然会得出这样的结论："工作完全是家庭生活之外的东西，只是赚钱的工具而已。"

在以前的农耕社会，孩子们会跟着妈妈一起去田里或蹲在旁边看爸爸打铁，一看就是几个小时。但现在他们对父母的工作没有任何概念，他们既不知道爸爸妈妈工作的地方是什么样子，也不知道他们具体在做些什么。

他们只知道家里花的钱是从爸爸妈妈的工作里得来的。他们对工作仅有的了解，是从电视中学到的。

### 幻象的魔盒

人类历史上幻象的生产效率从来没有像今天这样高过。每天 24 小时地球表面上的所有地方，电视机在一刻不停地朝孩子们眨眼，用尽浑身解数吸引孩子们的眼球，把孩子们拖进幻象的百花园：奇幻的世界，不同寻常的事件，美到没有瑕疵的模特，战无不胜的虚拟英雄，外星世界的奇妙景象，唾手可得、挥霍不尽的浮夸奢侈。

# 第八章 假榜样

根据对儿童玩具制造商的调查,最受小女孩欢迎的玩具为以下几种:

• 排在第一名的是芭比内衣娃娃(Barbie Lingerie 32%),这种娃娃金发碧眼,穿着象牙白色的内衣,有的是性感的衬裙式内衣,有的则是短胸衣配长筒袜。

• 紧跟其后的是布拉茨娃娃(Bratz Dolls 23%),即五个不同人种的娃娃,她们有着青春期少女的模样,嘴唇丰满有光泽,眼睛含情脉脉,穿着低腰紧身裤和露脐短上衣。

• 排名第三的是崔姬娃娃(Tweggie16%),她金发碧眼,身材高挑,有着可可色的皮肤,下装是迷你超短裙,上身穿着紧身T恤,显现出刚刚发育的胸部曲线。

"以前孩子们的玩具娃娃真的都是'小娃娃',着重体现童年世界的特征,但是现在的时尚娃娃都成熟得多,所体现出来的是提前进入到孩子们童年中的青春期形象。"精神病学专家保罗·克罗培(Paolo Crepet)这样说。在小女孩们的梦想中,时尚娃娃是解放思想的象征和工具,代表着她们理想的模范:漂亮、充满诱惑力,完美得难以企及甚至令人不安。这些娃娃把孩子们的童年幻想带偏了方向,诱使其走向性感和越界的梦境。

心理学家玛丽亚·丽塔·帕西解释说:"不幸的是,时代的不断加速是我们这个社会不可避免的一部分:一方面我们永远长不大,因为,不管怎样,童年和青春期是在延长的;另一方面,时尚世界和广告的刺激又会导致我们的态度乃至行为的瞬间成长,缺失了中间自然的过渡过程。"

进入中学之际,孩子们的梦想就变得更加具体了:钱,出名,成功,成为偶像。

**从失望到气馁只有一步之遥**

"现如今人们都很清楚广告的角色了,广告卖的就是榜样,"由米兰语言与传播自由大学基金会与蓝色电话组织①联合成立的"儿童&媒体"观察站协调员文森佐·鲁索(Vincenzo Russo)解释说,"但是我们需要反思广告所呈现给孩子们的这些榜样是否真的能满足孩子们的愿望,还是说只会把他们禁锢在幻想的城堡中。当与现实发生冲突时,这些虚幻的梦就会化为泡影,让孩子陷入失望。"

事实的确是这样,孩子如果长期生活在幻象的顶峰,一旦在现实中感觉到落差就会遭受打击陷入困境,成为失望情绪的奴隶。意大利语"失望"(Delusione)这个词来自拉丁语词源"Deludere",原义是"嘲弄某人"。而失望和沮丧气馁,往往只有一步之遥。

**认知信念与无上命令**

即使是我们成年人,很多时候目标也是由外界所设定的,而且

---

①蓝色电话组织(Telefono Azzurro)是意大利的一家民间组织,致力于保护儿童的权利、营造关爱儿童的文化氛围,并阻止任何形式的儿童虐待和忽视行为。该组织不仅为儿童和成年人开设了儿童应急热线和全天候免费服务热线,还积极开展倡议活动,加强人们对欺凌、歧视、种族主义、仇恨言论和激进思想的认知,鼓励人们抵抗这些行为和思想。——译者注

## 第八章 假榜样

我们甚至都怀疑自己能不能给自己设定目标。我们可以想象一下，有多少次当我们完成了环境（工作、学习、医生的处方）施加给我们的目标后，我们就停了下来，然后觉得不知道自己该做点什么？

让我们感到不幸福的，往往是早在童年时期就根植在我们内心的一些观念，我们日后做出选择、设定需要完成的目标和规范自己的行为时都会以这些观念为标准。心理学家把这些观念称作"认知信念"，即我们强加给自己的价值目标，而且这些目标往往是无法达成的，从而导致内心的不安全感和自尊心缺乏。

给孩子树立这些价值观的，除了孩子们的"电子父母"，即电视、电子游戏和电影等，更多情况下其实是我们——孩子们的父母本人，亲自给孩子传递和巩固了这些观念，而且我们自己往往是意识不到的。

下面就是一些儿童最常施加给自己的命令。

**"我们必须得到想要的东西，才会幸福。"**

如果我们试试不看电视的画面只听声音，我们就会发现，电视广告播报几乎是喊出来的，而且从头到尾都是迫切的语调。这些声调和画面都是广告商刻意挑选出来的，对观众进行"暴力"推销，让他们觉得广告里的东西当真是必不可少的，需要马上去买。

但是儿童自主能力的防线非常脆弱，他们很容易就被广告洗脑而失去自主性，广告让他们觉得如果得不到广告里所提到的东西就会很不幸福，不论是最新的电子游戏、新出的芭比娃娃，还是世界冠军签名的足球。

广告使用语言暴力一遍遍重申、类似于强迫人人都必须使用某些产品，而且夸大其词，几乎没有任何可信度。但每天接受电视信息、海报和广告轰炸，孩子很容易就被这些媒体所宣扬的价值观俘获了，他们开始觉得如果想要获得幸福，就必须得到广告里的所有东西。如果满足不了自己的所有愿望，就有可能陷入持续的不满状态。

因此，为了避免这种情况的发生，作为父母，我们要严格控制孩子观看电视的时间，但更重要的是，我们要引导孩子体会日常生活中免费的幸福：在草地上自由地奔跑，品味一朵花的芳香，欣赏日落时分迷幻的色彩，或是跟朋友肩并肩坐在墙头聊天。

**"生活就是得好玩，不然那算什么生活呢？"**

8岁的玛利亚·格雷兹娅刚上完滑冰课回到家。她把包往客厅中间一扔，然后坐在电视机前，拿起遥控器开始切换频道找自己喜欢的节目。"今天玩得开心吗？"妈妈担心地问她。

妈妈问的这个问题表面上看没有毛病，但是它传达了一个信息：滑冰课的主要目的是娱乐，而不是学习如何使运动更协调，培养平衡感，让肌肉变结实，学习手臂和腿部的协调配合。这种认为生活应该只是娱乐的想法必然会带来失望。

为了引导孩子从这个角度思考滑冰的好处，我们只需要对之前的句子稍作修改，我们可以问孩子："今天的课上你学到什么有趣的东西了吗？"

## 第八章 假榜样

如果我们这样问,一方面考虑到了孩子到家后的反应,一方面又把孩子和课程内容联系了起来。为了回答这个问题,玛利亚·格雷兹娅不得不说出一个理由,她可能会回答说:"是的,我学会了如何回旋。"或者"今天的课太无聊了,老师一直在让我们重复做同样的练习。"但是无论如何,她都要回想一下今天课上所学的东西。

**"要么我是第一名,否则我就没有一点价值。"**

孩子急切地追求在集体中名列前茅,往往会让他们单纯地根据自己某一方面的表现就断定自己作为人的整体价值。一个障碍或一次失败都有可能让孩子深深地陷入自哀自怜的深渊,而且他们会确信这次的失利肯定会给自己的未来留下污点。

这些小小的完美主义者还不知道凡事都有其限度,更不知道自己的能力也一样是有局限的,因为他们还没有完全搞清楚自己能够做到什么,自己有哪些可能性。一方面他们认为自己无所不能,但另一方面又觉得极其不安全,他还不知道如何判断自己的努力是否能达成预先设定的目标。让孩子学会承担现实的责任,客观地评价自己在具体事件中的表现,而不是动不动就全盘肯定或否定自己,这一点十分重要。

**"如果其他人不认可我,那我就没有任何价值。"**

由于缺乏经验,孩子会完全听信和依赖别人对他们的认可:首先是成年人的认可,其次也包括玩伴和同学的认可。老师或同学的一句消极评价,就有可能使孩子陷入深深的沮丧。

美国心理治疗师韦恩·戴尔(Wayne Dyer)解释说:"得到集体的认可当然是件令人开心的事,但我们也大可不必视其为必不可少的条件。虽然讨集体中所有人的欢心很不容易,但事实上,人越是内心对自己有着强烈的认同感且又不至于自负,就越有可能赢得集体的认可。通常那些对自己的价值有着高度评价的人,比想方设法乞求获得别人承认的人有吸引力得多。"

那我们应该如何把这个意思传达给孩子呢?因为孩子们往往很担心自己会因为跟其他人不一样而不合群。我们千万不要看不起、评判或批判他们的愿望和梦想,因为他们有权利拥有自己的愿望。我们可以通过向他们提出一系列的问题来引发他们思考:

"你为什么这么喜欢那双鞋呢?它有什么特别之处吗?是因为鞋底有超厚的夹层吗?哪些小朋友穿了这双鞋呢?是你最好的朋友吗?"

通过提问我们就会发现,并不是像孩子一开始所说的:"所有人真的都在穿。"他梦想中的鞋子,只是有一伙孩子最关心的小伙伴们在穿而已:拥有最新款的时尚衣服,仿佛是进入某个团体俱乐部的通行证。

现在最困难的任务就来了:我们要说服孩子,穿不穿鞋底有夹层的鞋子跟能不能维持友谊,两者之间是没有必然的关系的——

"卡洛是你最好的朋友,你为什么这么喜欢他呢?他为什么邀

## 第八章 假榜样

请你去他家？他把他的玩具借给你玩了吗？他对你友好吗？他为什么有鞋底夹层的鞋子？你觉得如果你没有这样的鞋，他就不再跟你做朋友了吗？"

当孩子承认鞋子并不是维持友谊的必要条件时，我们就退一步给他们留点儿希望：

"或许等你生日的时候我们去买一双……但是要看你在学校和在家的表现。"

我们要让孩子用委婉的语气代替生硬任性的表达方式，比如用"我想……"代替"我要……"，因为形式有时候也会传达一定的价值。

第九章
# 童年早期记忆的重要性

### 双胞胎姐妹

我很幸运生了一对漂亮的双胞胎女儿：特蕾莎和安娜。她们长得像一个模子刻出来的，有时候甚至连我都分不清她们谁是谁！但是她们俩的性格完全不同。

我第一次明显地感觉到她们俩性格的差异，缘于一次别墅大火。那年，我们去乡间度假，当天半夜时分，我和两个女儿睡觉的房间被火包围了。我抱起她们两个跑了出去。看着我们的别墅被火苗吞噬，特蕾莎开始大哭，我怎么哄都没有用；而安娜却被眼前的景象迷住了，她看到闪烁的火焰在黑夜中跳跃、熄灭，不停地感叹道："太美了！"

之后，她们的生活一直都是这样截然不同的状态。特蕾莎总是不满足，安娜的生活虽然总是有戏剧性的插曲，但却一直保持从容和乐观。

（艾米莉亚，87岁）

### 红色的鞋子

40岁的玛利亚·格雷兹娅坐在她的理疗师面前。一件童年往事浮现在她的脑海中。

"我那时大概四岁。有一天妈妈提前来幼儿园接我去参加亲戚的聚会。我那天穿了一双红色的新鞋，那是他们圣诞节时刚送给我的礼物。当妈妈看到我弄丢了一只鞋子时，她大发雷霆，冲着我一阵咆哮之后，她把我扔在那里自己去参加聚会了。

"天越来越黑了，我一直在那里哭。我真的难过极了。我感觉自己被抛弃了，却什么也做不了……这种感觉一直伴随了我整个一生。"

"如果换作是你妹妹，她会怎么做呢？"理疗师问她。
"啊！她啊，她肯定会抓住妈妈，连踢带咬，反正是不会让她离开的！"

以上是两个关于童年早期记忆的故事。这些早期的记忆从来都没有被当事人遗忘，而且从那时开始就已经显露了她们对待生活的态度。

"童年早期记忆就像探测仪一样。我们的记忆选择和再现这些回忆的方式反映了我们对生活的态度。"以色列著名心理学家尼拉·克菲尔（Nira Kfir）这样说。但同时他警告我们，记忆并非是

## 第九章　童年早期记忆的重要性

永恒不变的,人们可以对记忆进行重新加工、增添新的内容或从新的角度重新对其审视,从而改变从最初记忆中得出的结论。

这就是我们需要做的事:尽量给我们的孩子留下幸福快乐的回忆,如果他们不得不经历一些不好的事情,那就帮助他们重新加工这段回忆,将其转变成增长经验教训和获得成长的过程。孩子能否学会正确解读或重新解读这些回忆,决定了他们将会从中汲取安全感还是不安和焦虑。

### 带羽毛的帽子

那时候我有两岁多一点儿。我记得圣诞节的时候我曾经请求圣子耶稣赐给我狙击兵帽子,就是那种后面带着闪闪发光的羽毛的帽子。

但是之后在耶稣诞生的马槽旁①我只找到了一顶古罗马式的头盔。我感觉圣子耶稣背叛了我,等我长大后再回想这件事,我明白了背叛我的其实是我妈妈。

后来,我跟妈妈讲述了这件让我无比失望的事情,她跟我解释说,为了满足我的愿望她费尽了周折,当时的罗马刚刚经历过战争,到处一片狼藉,她等了很久才坐上一辆电车,逛遍了罗马的大街小巷都没有找到我想要的那种帽子。

从那时起,每当我再次回想起这段有关狙击兵帽子的往事时,我想的再也不是我当时有多失望了,而是母亲对我的爱和她为了满

---

①意大利圣诞节期间,人们会制作耶稣的蜡像或者模型,摆放在家中、商场或者教堂里,模拟耶稣诞生的场景。传说耶稣诞生在马槽里。

足我的愿望所付出的辛苦。

（菲利普，70岁）

在这个例子中，童年不愉快的回忆在十几年后以全新的视角被重新解读了。

### 如何引导孩子把噩梦变成美妙的冒险经历

孩子不仅要学会重新解读他们所经历的事情，还要学会正确地重新解读自己做的梦：梦实际上是现实世界的片段在想象力和内心恐惧的作用下转变而成的。

如果孩子做了噩梦，我们要做的第一件事就是陪在他身边，非常温柔地安慰孩子，使他平静下来。我们不能表现得担心或激动，要极力向孩子传达平静和淡定的情绪。

• 不要否定所发生的事，也不要轻描淡写地一笔带过，安慰孩子的时候也不要说什么都没有发生：因为孩子的恐惧是真实存在的，需要我们认真地对待。在他们年纪很小的时候，孩子是不能区分现实和梦境的。只有到接近四岁时，他们才开始明白梦跟现实是不一样的，或者用更准确的话来说，梦是现实的另一种形式。

• 慢慢地跟孩子说话，告诉他，他的房间是安全的，没有人可以伤害他，让他放心。我们可以让孩子跟我们讲讲他们做了什么梦，因为这样我们可以看一下孩子做的这个噩梦是不是跟白天发生的某件事情有关；但如果孩子不想讲也不要强迫他。因为这时如果

## 第九章　童年早期记忆的重要性

我们不停地问孩子问题或解释他的噩梦，只会增加他的痛苦。事实上孩子往往等到第二天早上才能跟我们讲前一天的梦，或把梦里梦到的东西画下来。

• 等孩子平静下来以后，我们可以轻轻地拥抱和爱抚他，温柔地把他重新放回到床上。这时最好是陪孩子再多待一会儿，等到他重新睡着后再离开。这种情况下孩子往往害怕重新入睡，因为他觉得睡着的话噩梦还会再回来。我们可以对孩子说我们的脑袋里有一个特殊的按钮，这个按钮可以控制我们的梦，就像按电视遥控器上的按钮可以切换电视频道一样。在孩子睡前，提醒孩子要记得选一个"有好玩的梦的频道"。

• 等到第二天，我们可以选择一个比较平静的时间重新提起前一天做噩梦的事，告诉孩子，噩梦其实是我们释放心里的恐惧的一种方式，我们只要摆脱了这些恐惧，第二天就能睡得更好。让孩子给我们讲一讲他们的噩梦，不要用回忆式的语气，而是假装噩梦就是在他给我们讲述的同时发生的，在讲述的过程中跟孩子一起改变一些梦里的零散细节，使噩梦变得不那么恐怖。比方说孩子梦到了一只凶恶的狼要杀掉自己，我们可以提醒孩子，想一想神话故事里喂养了罗慕路斯与雷穆斯的善良母狼①，同时我们也可以推翻梦境里的结局，可以跟孩子一起设想如何逃走，或者设想狼并没有那么凶恶，甚至可以设想最后跟狼做了好朋友。

---

①罗慕路斯与雷穆斯是罗马神话中罗马市的奠基人，传说是一只母狼喂养了他们。

• 孩子如果很害怕噩梦，我们可以在白天某个平静的时间（注意不要在睡觉前），通过一个关于梦的游戏让孩子理解梦和现实的区别：先让孩子闭上眼睛，分别想象几个美好的场景和几个可怕的场景，然后睁开眼睛把想象到的事情讲给我们听。通过这种方式，我们可以让孩子习惯于回想自己做的梦，体验想象和现实的区别：这是让孩子从恐惧中解脱出来的第一步。

 何时需要寻求帮助

• 如果孩子反复做同一个噩梦，意味着白天肯定有一个困扰他的问题。

• 为了验证这个问题，弄清楚孩子恐惧的根源，我们可以求助于孩子的老师和跟孩子一起玩的小伙伴的父母，他们跟孩子的关系不像父母那么亲密，作为局外人可能对情况有一个更清晰的了解。解决了困扰孩子的问题，噩梦也就会随之慢慢减少直至消失。

• 如果无论我们怎么做，孩子还是继续做噩梦，而且每周做两次以上的噩梦，持续六个月以上，那么我们最好寻求专业人士的帮助。

**和孩子玩一些扩展思维、丰富视角的游戏**

找到事物的意义使其变得可以忍受。

——卡尔·古斯塔夫·荣格，精神分析师

## 第九章　童年早期记忆的重要性

正如我们前面讲到的，无论现实多么残酷，影响我们对特定事件的评价进而决定我们行为的，实际上是我们主观所下的定义，是我们用什么样的方式给这件事"镶上框架"。心理学家将这种现象称为"Framing effect"，即框架效应。为了更好地解释这个概念，他们举了下面的例子。

两个修士的故事

有一天，两个修士在修道院的院子里相遇了，他们都要去祈祷。第一个修士跪在角落里祈祷，而第二个修士却绕着院子四周走来走去，一边诵经一边还吸着烟。跪着的修士看见了就开始批评他，还提醒他说，他问过院长祈祷的时候能不能吸烟，结果院长拒绝了他的请求。第二个修士却笑着回答说，他没费吹灰之力就得到了院长的准许，因为他问的是：吸烟的时候能不能祈祷！

如果某个特定的行为、事件、东西或人被"镶框"的方式不同，则它们的意义和角色也会变得不一样，我们与他们的关系自然也会随着改变。

我们来举个例子。儿童根据从电视里接收到的信息，给老虎定义的"框架"是：一种带有黑色条纹的黄色动物，住在森林里，会吃羚羊。但之后随着年龄增长，孩子认识到这个"框架"太脆弱、太片面了。

如何教出好性格的孩子

这时候,一个好的教师不会跟孩子讨论老虎到底是黄底黑色条纹,还是黑底黄色条纹,他会给孩子展示具有其他特征的老虎,对老虎进行"重建框架"(或称"再建构")。他会让孩子看到还有白色和灰色条纹的西伯利亚虎;还有一些老虎不是生活在森林里而是在大草原上,更有一些老虎吃的不是羚羊而是斑马。

"重建框架"即从不同的角度重新审视事物,发掘更广的角度和思路,不断充实内容,避免狭隘地局限于讨论眼下仅有的两个对立选项。

因此下面我们会介绍几个可以跟孩子一起玩的游戏,帮助他们学会从不同的角度看问题,丰富他们的视角。这些游戏的目的是:无论参与游戏的人给出什么样的答案都要接受,不评判也不讨论,只是让大家看到我们可以选择不同的解释。

**游戏一:你选哪种想法?**

在了解了下面描述的情况后,每人选择一个最符合自己想法的答案。

阿尔贝托和斯特凡诺约定好早上 8 点钟在斯特凡诺家的楼下碰面,然后一起去上学。

现在已经 8 点 10 分了,阿尔贝托还没有露面。

斯特凡诺可以有以下四种想法,根据这些想法是顺应当时一触即发的情绪还是依靠理性分析保持冷静,我们分别把它们称作"冲动的想法"和"冷静的想法"。

第九章 童年早期记忆的重要性

冲动想法1："太讨厌了！他就是在骗我！"

冲动想法2："他还说他是我最好的朋友，现在说明那都不是真的。"

冷静想法1："是不是我的表走得太慢了？那就是我迟到了，他已经走了。"

冷静想法2："谁知道发生什么事了呢……可能他生病了或者他父母开车顺便把他捎去学校了，我到学校以后就会知道了。"

在每个人都选择了自己的想法后，可以试着提问："要怎么样才能让我改变想法呢？"

**游戏二："我们假装……"**

设想几种不同的情况（可以参照下面给出的几个例子），然后依次完成以下要求：

- 讲述我们在情绪上有什么反应；
- 分别想象一些恶意的解释和善意的解释；
- 想办法弄清楚事实到底是怎么回事。

例子：

- 马可走进游泳池的更衣室，所有人都笑了起来……
- 卡洛塔在食堂排队，后面有人推了她一下，导致她把托盘打翻了。
- 雅斯曼借给朋友一张CD并嘱咐她第二天一定要还回来，但是朋友并没有听她的……

## 游戏三：换位思考

这是一个非常好玩的游戏，同时又具有教育意义。事实证明，很多情况下换位思考对解决矛盾、理解别人的观点、平复关系和扭转对事情的消极看法都起着必不可少的作用。

· 选择一件日常生活中父母和孩子总是在争辩的事情作为讨论的主题，然后把自己想象成对方，试着完全站在对方的角度参与游戏。

· 孩子来扮演妈妈或爸爸，爸爸妈妈则装作自己是孩子。

· 例如讨论的主题可以是晚上家长要求孩子整理好玩具再去睡觉。

小女孩扮演妈妈："赶快，不要再待在沙发上看电视了。你必须把玩具整理好，不然时间太晚了。"

妈妈扮演女儿："不要嘛，妈妈！现在是看动画片的时间啊。我很累……总是让我整理，今天晚上也要我整理！"

小女孩扮演妈妈："每天晚上你都这样。你可别让我一遍遍重复说了！这是你的任务，现在马上去做！你难道要留给我做吗？！"

妈妈扮演小女孩："但今天是星期天，今天有我最喜欢的动画片。如果我去整理玩具就错过这一集了。"

小女孩扮演妈妈："那我们这样吧：星期天我来整理，但你必须保证其他时候你要自己整理，不要再跟我争辩！"

妈妈扮演小女孩："欧耶！我做到了！好吧，我们就这么说定了！"

第九章　童年早期记忆的重要性

## 游戏四：发现事情积极的一面

在我小的时候，每当我因为一些大大小小的失败而沮丧时，爸爸就会抬起他的手让我看看他的中指。然后我就会冷静下来，试着从另一个角度来看我所处的境遇。当时这是我和爸爸之间的一个秘密，但直到现在我长大成人了，遇到难熬的时刻我也会想一想爸爸的中指。

爸爸曾经跟我讲过这根手指的故事。手指被弄断的时候他还是一个年轻的小伙子，那天晚上他想要把一个带镜子的小壁橱挂到浴室的墙上，但墙很老旧，筑墙用的石灰质量也很差，所以很难把伸缩螺栓固定在上面。他费了很大的劲儿后终于把壁橱挂上了，但是他刚弯下腰整理地板上的工具时，螺栓掉了出来，壁橱也跟着砸了下来，而且正好砸在了他中指的第三个指骨上。他就这样耷拉着手指跑去了急诊室，但那里的外科医生是个新手，胡乱处理了一下就把断指包起来了，那根手指从此就一直保持着这种错位的样子。

爸爸没法上班就待在家，第二天他出门散步，就在离家一百米左右的地方，碰巧遇到了一个多年没有联系、几乎已经忘记了的老朋友。从那天开始他跟她陷入了热恋，再后来我就出生了！这个女孩就是我的妈妈。

最开始的不幸最后竟然变成了我和全家人的幸运！所以，每当我遇到不顺利的事情时，总会想到爸爸的手指，想到不幸也可以带来最美好的机遇。

（阿尔贝托，22 岁）

我们要帮孩子在各种不同情况下都能看到积极的一面。我们可以任意举一个例子,然后跟孩子一起想象一下:如果事情朝着不同的方向发展,会出现什么好的或不好的结果。在最不幸的事情中发现最好的结果的人,就赢得了这个游戏。

> 电脑是"乐观的机器"
>
> 如果说乐观之人的特征是感觉自己可以掌控局面,可以发挥主观能动性改变和影响现实情况,那么电脑就是培养孩子这种特质的最好工具了。
>
> 电脑和电视、广播或电影院都不同,因为后三者使观众处于一种被动接收的状态,而电脑和电子游戏则要求使用者随时做好准备做出反应,要求有决断力、直觉并做好规划。换句话说,它们迫使我们在一个与我们每天接触到的世界所不同的空间里进行假设推理并做出行动。
>
> 对2~3岁的孩子来说,就算是只学习使用鼠标,也是一种锻炼他掌控力的极好方法。

第十章
如果生活中遭遇了糟糕的事……

## 什么可以说，说多少；什么时候说，怎么说

### 不幸的数字

我不敢看数字11，因为9月11日纽约双子塔发生了可怕的灾难，而且那两座塔离得那么近，都又直又高，看起来就像数字11。

现在会带来不幸的数字不再是17或13了。现在是数字11。

（阿尔多，17岁）

### 小蜡块

我父亲出生在纽约，离双子塔事发地不远的地方。他是犹太人，曾经在以色列的公交车上遭到过恐怖袭击，但有幸逃过一劫。另外，他父亲曾是消防员，在"9·11"事件当天殉职了。所以这个事件对我父亲来说是非常沉重的打击。

他非常难过，以至于我们都不知道怎么安慰他。他哭了整整

一天。于是我姐姐从一家卖美国进口东西的百货商场给他买了一个蜡做的双子塔纪念品。

父亲把双子塔点燃,他在那里一边看着它们燃烧、融化,一边泣不成声。当蜡全都融化后,他从剩下的蜡中取了一小块,刻上了"2001年9月11日"这个日期。他之后就不再哭了。

但是他一直把那个小蜡块放在夹克口袋里随身带着。我爸爸的确是一个多愁善感的人,他永远都不会忘记他的双子塔。

(赫尔曼,21岁)

电视就好像我们客厅开向世界的一扇窗子,从这扇窗子里,孩子们观看着永无止息的恐怖电影:流行病、洪水、地震、饥荒、孤独、淫乱。怎么才能让孩子不受新闻影响呢?有人说,孩子是看不懂这些的。但是连看到一只金丝雀死掉都会大哭不止的孩子,面对电视上铺天盖地的悲剧又如何能够无动于衷呢?

挪威心理学家阿特勒·迪勒格罗夫(Atle Dyregrov)说:"这些情况很容易造成一种沉默的循环。孩子具有追求尽快回归正常生活、恢复日常习惯的天性。他们寻求可预测的、熟悉的事物以获得安全感,这会让我们觉得他们并没有受到消极问题的干扰。成年人看到自己的孩子很平静就会感到十分宽慰,因此会刻意避免提及这些问题。但是当孩子们准备好讨论问题时,他们又发现父母看起来不愿意谈。最终结果就是父母和孩子都没有妥善地处理好压力问题。"

## 第十章  如果生活中遭遇了糟糕的事……

最重要的东西

有一天我正在看动画片,但是我忽然看到妈妈正在看电视新闻,那我就明白了,电视新闻是比动画片更重要的东西,从那时起我就只看电视新闻不看别的了。

(乔治,7岁)

提到记者,孩子们会想到什么?

我还有点害怕电视新闻……因为我不知道这些记者是怎么想出来写"投弹手"这种东西的,他们把炸弹藏在一些东西里面,藏在笔里面,然后一个小女孩还没来得及打开笔,炸弹就爆炸了……

(马可,8岁)

## 用儿童的语言,我们可以跟孩子谈论一切

像"你太小了,还不懂""等合适的时候我会跟你解释的"这类句子只会让孩子产生焦虑。孩子会想:为什么父母总是不想告诉我?而且他们会以为父母生气了,认为一定是自己做错了事才会这样。

反过来,我们来看另一个极端的理论:"我们什么都告诉孩子,毕竟他们要在这个世界上立足。"但这种想法也是行不通的。孩子并不是缩小版的成人,他们无法像成人一样理性地思考和做决定,他们有自己特殊的思考方式,极容易受到情绪的影响,根据情绪做出反应。

如今专家们得出一致结论,家长应该跟孩子谈论发生在孩子身

边的所有事情，但是要使用儿童的语言。

"记得面对你们的孩子时，总是要把他们能理解的所有事实告诉他们，不为别的原因，这起码能让孩子看到你们最珍贵的品质：'诚实可信'。"这是美国著名的童书作者斯坦·贝伦斯廷和贾恩·贝伦斯廷夫妇（Stan&Jan Berenstain）[①]给父母的建议。

问题的关键不在于跟孩子说什么，而在于怎么说会令孩子害怕。有些恐惧是原始的，比如怕黑，害怕狼，害怕吃人的怪物和巫婆；有些恐惧则是电视和成人给他们灌输的，比如害怕盗贼、吉卜赛人，害怕吸毒者、战争和自然灾害。还有"恐怖"电影和视频游戏引发的"恐怖"焦虑。

丹麦哲学家索伦·克尔凯郭尔（Soren Kierkegaard, 1813—1855）在《惧怕的概念》一书中写道："个性舒展、敢于挑战、乐于接受新事物的自由精神，是与从我们出生起所有克服恐惧的经历联系在一起的。"

我们只有能够克服恐惧、禁忌、摇摆不定和内心深处的焦虑，才能变得敢于创新、有创意、有可塑性。实际上我们平时的一些言语也体现了这个道理，比如我们常说我们被吓得僵住了、吓瘫了、被恐惧束缚住了手脚、惶恐不安做不了选择等。下面我们就来看一看如何防止恐惧在孩子的灵魂中滋生。

---

[①] 斯坦·贝伦斯廷和贾恩·贝伦斯廷的代表作为 *The Berenstain Bears*，中文译为"贝贝熊系列丛书"。

第十章　如果生活中遭遇了糟糕的事……

## 如何让孩子安心

**6 岁以前**

这个年纪的孩子看到残忍的画面时只会感到害怕。他们不知道叙利亚远在几百公里以外。对他们来说，我们解释某些事情时随口提到的"坏人"完全有可能藏在家里的门后面。

因此，小学之前最好不要让孩子体验那些无用的恐惧。

心理学家乔万尼·马卡扎赞（Giovanni Marcazzan）解释说："把所有的事实都告诉给一个五岁的孩子，以此希望他面对现实、变得更加勇敢，这种做法会产生相反的效果。孩子们经常做的噩梦就可以说明这一点。当小孩梦见战争时，他们只能把自己看作被动的主角，当他们意识到我们成年人也没有什么有效办法来应对时，他们就感到更加无奈了。"

对儿童来说，情感比解释更重要。因此，对他们来说，应对恐惧的最好方法是让他们明白三个重要的概念：

（1）"妈妈和爸爸永远不会丢下你一个人：我们会一直陪在你身边。"

（2）"我们这里是安全的：那些不安全的事情离我们很远，无论如何也不会影响到我们的。"

（3）"即使是最糟糕的情况也一定有办法解决：就像童话故事一样，好人和正义迟早会胜利的。"

如果用成人理性的角度来看上面这几句话，我们可能会觉得这是在说谎。但从情感语言——这个年龄的孩子所能明白的唯一一种语言——的角度来说，这些安慰的话语又无比真实：他的父母的确永远不会抛弃他，父母确实会尽一切努力让他远离战争、地震和洪水，他们也会尽全力保证最后正义会取胜。

不要否认孩子所看到或听别人谈论到的那些糟糕的情况，但是我们应该把世界上发生的悲剧以童话的口吻讲给孩子，坚定地告诉他们：就像在童话里一样，总有善良的仙女会出现，总有正义的力量会保护我们，最后正义一定会战胜邪恶。

### 6~10岁

这个年龄段的孩子对所发生事情的情况比之前有了更好的理解，但他们对事情的看法还是受限于他们的经验，因而还不是很成熟。

他们对世界上所发生的悲剧的理解，主要受到三个因素的限制。

（1）他们通常还是会混淆电影和新闻消息。虽然他们能够把现实和想象区分开了，但并不能一直把两者分得很清楚。他们可能会认为，电影里的情节会在现实生活中再现，因此在他们眼里现实会比真实情况更糟糕。

（2）他们深信，在新闻中反复出现的关于某个故事的不同版本的报道，指的是不同的事。这样认为的后果就是，他们印象中的受害者远比事实中要多，或者悲剧的事情在一件接一件地不断发生。

（3）他们对距离还没有准确的理解。发生在几千公里以外的

第十章 如果生活中遭遇了糟糕的事……

事情在他们看来仿佛就发生在离他们小区仅几米远的地方。

### 对战争的看法

由于以上种种原因，孩子们对世界上很多事情的印象往往是模糊的、不准确的，而且他们通常会模仿大人的观点，下面是巴黎袭击事件发生后一些孩子所写下来的想法，他们的想法正反映了这些特点。

"法国因为炸弹的事生气了，所以她决定禁止人们去那里跳舞。"（贾科莫，6岁）

"美国人希望伊拉克人成为资本家，这样伊拉克人就能把所有的石油都给美国了。"（卡洛塔，7岁）

"阿萨德想要打仗，因为他不想离开。"（理查德，7岁）

"利比亚发生了战争，因为在祈祷的时候他们说他们要发号施令。"（艾利奥，8岁）

"在机场的时候他们检查了我们，因为他们认为我们包里藏了一颗炸弹。"（卡洛，8岁）

"叙利亚被坏人统治了，所以那里所有的人都跑到我们这儿来了，因为我们是好人。"（罗伯塔，6岁）

"战争是那些通过卖武器致富的人的错。"（马塞拉，7岁）

因此，如果我们想让孩子安心，更有效的方法不是跟他们空谈许多与他们的感情没有联系的和平话题，而是更应该让他们看到，作为成年人我们并不是漠不关心或者无力应对。我们很悲伤，但并没有被吓倒，我们并非只在愤怒和悲叹，我们也在努力解决现实问题——即使只是提出一个建议，我们也是在行动。即便是生活中遭遇了最糟糕的事情，当我们觉得能做点儿什么克服它时，事情也就变得没有那么糟糕了。

烟花

第二次世界大战期间，我住在德国占领区和游击队控制区之间的一个小镇。

每天晚上侦察机都会在空中盘旋，看到任何移动的东西就不停地往下投炸弹。首先他们会用照明烟火把整个地区照亮，每次看到这些烟火，即便还远在几公里之外，我都会马上跑到床底下，因为我听说有人就是这样做才逃过了一劫。我太害怕了，吓得整晚都睡不着觉。有一天晚上，我妈妈决定带我到阳台上去，她把她的椅子放在我的椅子旁边，紧紧地把我抱在她怀里。我们就这样看照明烟火看了几个小时，烟火把整个天空都照亮了，像白天一样。

我也听到了爆炸声，但是我看烟火看得太兴奋了，就没去注意爆炸的事。

我母亲的勇气，把本来可能会给我留下创伤的事变成了一段美妙的回忆。

（艾丽莎，72岁）

## 保护孩子的四项原则

当我们需要跟孩子谈论较沉重的话题时，请牢记以下几点建议。

### 1. 只告诉他们必要的事实

这条原则实际上就是说，我们要用最简洁的话回答孩子们的问题，不要解释得过于复杂让孩子听不懂，因为这样会让他们感觉发生了一件可怕的、不清楚的事情。因而会使他们更加焦虑不安。

### 2. 保护好孩子的惊奇之心

孩子探索世界的脚步是要跟自己的身体、情感和智力的发展水平相一致的。对待孩子们身体层面的发展时，我们能自然而然地遵守这一规则：我们不会在孩子还不会爬或双腿还不会用力时就强迫他们去走路。我们只会尽我们所能帮助和鼓励孩子，但从不妄想去强迫他们。

然而当涉及孩子的情感和智力发展时，我们的态度却非常不同，我们甚至为他们的"早熟"感到欣慰。

心理学家乔瓦尼·马卡赞建议我们说："其实孩子天真的童心应该被小心地保护，童心是孩子们伟大的成就，我们要保护他们的梦，让他们自由地幻想，任由他们提出天马行空的问题，保护他们面对新发现时睁大眼睛感到讶异和惊奇的能力。"

### 3. 避免告诉孩子他们理解不了的事情

如果父母要离婚，那就没有必要让孩子知道你们曾经吵过多少次架才导致了如今关系的破裂，也不必把孩子牵扯进财产分割的讨论中来，或者在孩子面前把对方的出轨对象列一个清单。我们不惜一切代价寻得真相，但这并不表示我们有必要把所有的真相都公布出来。

我们其实可以用一种诗意的或讲神话故事的方式给孩子讲解问题，因为过于深刻的道理即使是用简练明确的语言直接表达出来，对孩子来说也难以理解。

"为什么有潮汐的时候海水就会上涨呢？"如果孩子提出这样的问题，我们可以试着跟他解释说潮汐是受到月亮的引力而形成的。如果孩子还很小，那我们可以给他编个故事，就说潮汐是因为鲸鱼都游到岸边来吃救生员晚上扔到海里的剩饭。孩子想要的只是安全感：他们在电视上看到了海啸造成的巨大破坏，他们想确定海水不会涨到他的床边来。所以为了达到让孩子安心的目的，鲸鱼的故事就足够了。

很多事情孩子们都可以自己想象或接受神话式的解释。为什么太阳会升起来呢？在让·皮亚杰（Jean Piaget）所做的著名智力调查实验中，孩子们回答说："因为有个人把它推出来了。"为什么夜晚会到来呢？"因为有个人把所有的灯都关掉了。"伟大的儿童故事作家贾尼·罗大里(1920—1980)（Gianni Rodari）这样写道：

### 4. 向孩子传达乐观主义精神和对未来的信心

"焦虑是游戏的天敌,"心理学家安娜·奥利弗里奥·费拉里斯解释说,"这就是为什么游戏的能力越来越成为一种奢侈,一种难得的成就。孩子们会游戏,因为他们的恐惧还没有内化成顽固的弊病,恐惧只会在必要的时候出现,然后就烟消云散。孩子们有妈妈,在孩子眼里妈妈是无所不能的一个成年人,是一个他们可以任何时候都不假思索地完全信任的人。"

因此,我们要成为孩子的坚强支点,保护他们游戏的能力和梦想的能力不受伤害。

贾尼·罗大里(Gianni Rodari)写道:"现在我们的确拥有一些破坏力极强的武器,可能这些武器即使不会带来世界末日,也会带来人类和我们所生活的文明社会的末日。但是如果我们跟孩子说起这些,他们最关心的问题就会脱口而出:'那么我们应该怎么办呢?'这意味着,面对着这么多悲观主义的诱因,孩子们并没有萌生出绝望的情绪,绝望是孕育类似集体自杀这种反人性行为的种子。孩子们萌生出的是一种需要,他们需要做点什么,需要知道如何行动,这正呼应了当初葛兰西(Gramsci)所定义的一个极为精确恰当的概念——'意志的乐观主义'。"

第十一章
如何向孩子讲述最大的不幸

死亡是生命的阴影。如果我们必须跟孩子谈论死亡，却又不想在他们心里留下让他们不安的空洞，我们姑且就这样告诉他们吧。

——朱塞佩·安东尼奥·博格塞《生者与死者》

在死亡的问题上，孩子们往往不像大人那么困窘。孩子比成人更关注自然界的循环过程，他们知道花、植物、昆虫和动物出生、成长，然后死去，再以另一种方式获得新生，比如花朵会变成果实，果实死后又会把它的种子播撒在地里，种子死去又会萌生出新芽，最后长成雄伟的参天大树。

"孩子们很少依靠或不依靠成人的帮助就能在自己的脑子里形成一种对死亡的看法，"加拿大心理学家阿瑟·莱昂诺夫（Arthur Leonoff）说，"对很多成年人来说，死亡是个不能谈论的话题。死亡虽然是自然现象,但长久以来甚至直到今天依然被人们视为谈论的禁忌。但是隐瞒这个话题或避而不谈,无论是成人还是孩子都需要付出高昂的情感代价。"

### 帮助孩子理解死亡

生而为人,我们必须理解生命,而理解死亡是理解生命的过程中非常重要的一部分。通过发现自然界中所发生的生与死的循环,孩子才能意识到死亡和生命是一样的,都是最自然不过的事情。

但是应该如何跟孩子解释"死"这个概念呢?下面我们就来看一下专家给出的建议。

- **所使用的语言要具体**

"爷爷永远地离开了我们……那爷爷真是太坏了!"

(乔治,5岁)

孩子们的思维是具体的。他们对哲学意味的解释不感兴趣,他们需要准确的信息:

"爷爷死了:他不再呼吸了,不再吃东西了,不再睡觉了。我们会把爷爷埋在地下,像上次我们把死去的小鸟埋起来一样,我们还会去爷爷的坟墓,去给爷爷献花。"

这样的表述似乎显得有点儿残酷,但是相比给孩子描述其他诗意的画面,这反而是最让孩子安心的方式。过于委婉的说法也应当避免,比如:

## 第十一章 如何向孩子讲述最大的不幸

"爷爷永远地睡着了。"

如果这样说,孩子有可能会被吓得不敢再去睡觉了。出于同样的原因,比喻的方式也需要避免:

"爷爷永远地离开了我们。"

"爷爷跟天使一起到天上去了。"

"上帝想让爷爷跟他待在一起。"

这样的表达孩子们听不明白,还会扰乱他们的心情。像"爷爷抛弃我们了……"或"我们失去爷爷了"这样的句子,甚至会导致孩子们因为爷爷"走了"而怨恨爷爷,或者怨恨父母,因为是父母找不到爷爷了,把爷爷"丢"了。

"他为什么离开我们了?那他很坏!"

"他到天上去干什么?不会掉下来吗?"

"为什么天上这位先生想要把他带走?"

跟孩子解释死亡是必需的、不可避免的,这样生命才能延续:取两粒种子,把它们放在底部盛有薄薄的一层水的小盆中。当种子刚刚萌发出新芽的时候把它们拿给孩子看:"看到了吗?种子没有了,种子死了,但是它把生命给了一棵新的植物:从死亡中诞生出了新生命。"

如果家里会举办哀悼会,我们可以让孩子回想一下种子的道理:"爷爷现在不在了,但是他把生命给了爸爸,爸爸又给了你生命,你以后也会给你的孩子生命。所以如果这样看的话,爷爷会永远活着的。"如果去世的是跟孩子关系很亲近的人,有时候孩子可能想起这个人还活着的时候,自己曾经有一次不听他的话或冒犯过他,然后把这件事无限放大,最后把他的死怪罪在自己头上。

这时候我们必须坚定地告诉孩子不是这样的,这绝对不是导致死亡的原因,死亡这件事爸爸妈妈也是没办法阻止的。

- **表露出我们的情绪和感受**

我们要毫不犹豫地表现出亲人去世后的悲痛,要跟孩子一起为死者而哭。哭是一种疗伤的方法。

"在孩子面前哭,向孩子表露我们的痛苦,是没有任何错误的。"德国心理学家、心理分析师依尔默娜·维曼(Irmela Wiemann)写道,"相反,如果成年人总是不惜一切代价地控制自己的情绪,拒绝接受自己的痛苦,那就无法以一种清晰明朗的方式与孩子沟通。我们可以适当地让孩子参与到所发生的悲剧事件中,但在这之前,为了让他们容易理解和接受,我们成年人首先要对自己的情绪、隐藏的动机、焦虑和恐惧有一个清醒的认识。换句话说,我们必须先处理好自己的哀悼情绪。"

> **当孩子失去了某个兄弟姐妹时**
>
> 有时父母喜欢天天把曾经夭折的小孩挂在嘴边,不断地夸大他/她的优点和才能,把他/她当作榜样。但这种做法对活着的孩子来说很危险,因为他们会觉得自己永远都赶不上父母口中所说的那个哥哥或姐姐,在他们的印象中,逝去

第十一章 如何向孩子讲述最大的不幸

的哥哥姐姐永远都是完美无缺的。

孩子会害怕自己无法跟这些记忆中的形象相比，因此内心急切地想要赶上他们，这样就会导致孩子失去在他的年龄应该有的无忧无虑，也无法展现出他们自己的个性和潜力。个别情况下这个问题甚至会走向极端：父母没有处理好对逝去的孩子的哀悼情绪，而是把活着的孩子当成了替代品，给他们穿原来孩子的衣服，让他们学原来的孩子学的东西，参加相同的体育运动，养成同样的兴趣爱好。

- **让逝者活在我们的记忆里**

失去亲人一开始会给我们带来沉痛打击，但我们最终要从阴影中走出来，要重新开始面对每天新的生活，同时让逝去的人也活在我们的记忆里。

我们可以跟孩子一起收集逝者的明信片、照片、车票和物件。通过这种方式追溯逝者在世时的事迹，更深刻地了解这个人的一生，同时，这么做也让逝者获得了另一种意义上的重生。我们可以一起做一个影集，想念这个人的时候拿出来一起翻看，或者可以选一张他/她的照片摆在客厅。

有人会在逝者忌日点燃一根蜡烛，或者更好的做法是，选择在逝者生日的时候点燃蜡烛，这样就仿佛是说：虽然他/她去世了，但仍然活在我们中间，活在我们心里。

如何教出好性格的孩子

- **不要让孩子承担任何跟逝者相关的责任**

"自从你妈妈死了以后,我就没有办法继续活下去了。"爸爸跟孩子坦白说。

"你姨妈的死已经让我精神崩溃了,你就不要再惹我生气了。"

我们不能把减轻我们痛苦的任务推到孩子身上。如果有必要,我们可以向其他有能力的人寻求帮助,但是在面对孩子时要让他们安心,告诉他们死去的人留给了我们很多回忆和美好的东西,所以他/她仍然活在我们身边。

## 引导孩子克服焦虑

死亡总是会让孩子感到恐惧,只有随着时间的推移,同时在成人的帮助下,孩子才能逐渐克服这种恐惧。如果是突发的疾病或类似车祸等悲惨的意外导致了亲人的死亡,那孩子会害怕下一次有可能自己就是受害者;如果是经过了长期的病痛后死去的,那此后每次小小的感冒在孩子看来都可能是致命的威胁。

### 两个极端的事例

#### 失踪的双胞胎姐姐

3岁的时候,我和我的双胞胎姐姐生病了。我姐姐没能战胜疾病死掉了。我父母把她所有的衣服、玩具和照片都收了起来,从此这些东西都从家里消失了。他们从来没有告诉我她为什么死了。他们也从不跟我说起她,而且每次我问的时候,他们的回答都非常模

## 第十一章 如何向孩子讲述最大的不幸

糊。多年以来我心里一直充满了可怕的负罪感,我觉得为什么我姐姐死了,我却幸存下来了。所以有好几年我每次置身在人群中间,都会环顾四周,希望找到姐姐。

(伊凡娜,39 岁)

### 摆脱不掉的回忆

我是在姐姐的阴影下长大的。她比我大两岁,在一场车祸中去世了。我的父母专门留了两个房间给她:一间是她自己的,还保留着她死前的样子一动都没动,她的作业本还打开放在写字台上。

另一个房间里,我妈妈把姐姐生前画的画、她的玩具、学校里用的本子什么的都放在一起做了个祭台……吃饭的时候妈妈总是不停地讲我姐姐的事,因为她说"她还跟我们在一起"。很长一段时间,我还一直把我画的画拿给她看,就像她活着的时候一样。我用了很多年才从这个噩梦中解脱出来。

(奥塔维奥,42 岁)

伊凡娜的故事表明,驱除死亡阴影的前提是我们必须面对死亡。

如果对死亡这件事避而不谈、保持沉默,反而会让孩子对这件事的出现感到更加不安:孩子感到不舒服,却不知道根源,不知道为什么会这样,并且容易引发孩子的负罪感。

从失踪的双胞胎姐姐这个案例中,我们看到完全删除关于去世的人的记忆会造成问题。而采取完全相反的做法,即沉浸在回忆中、把回忆当作生活的目标，也同样会让孩子心绪不宁。

逝世的人跟我们的关系亲疏不同，我们为其感到难过的时间也有长有短，但无论如何，经历过死亡的创伤之后，我们必须重新找回生活的平衡。

儿童由于认为自己是世界的中心，所以很容易认为是自己造成了亲爱的人死亡：因为有一次自己生气的时候曾经诅咒这个人消失，现在他真的消失了，那就是我的错。因此，我们要不厌其烦地安慰孩子，肯定地跟他说他没有任何错误，提醒孩子回忆逝者活着的时候他曾经多么爱这个人。

我们的好意也常常会增加孩子的焦虑。有时为了让孩子感到自己是所处情境的主角，我们常会把远远超出孩子能力的责任托付给他：

"现在爸爸死了，以后你就要代替他承担起男人的责任了……"

"现在你要像妈妈一样照顾妹妹了。"

向孩子解释我们感到悲伤的原因是很重要的，而且要使用孩子很容易听懂的简单词汇，不要在语言上跟孩子绕弯子。我们要做好准备回答孩子可能会提出的任何问题。

孩子敏感的触角马上就会察觉到我们有没有告诉他们事实，或者我们是不是想隐瞒什么。让孩子更加不安的其实是沉默。他能感觉到我们的不安，但又不知道原因，因此会被焦虑的情绪困扰，把错误揽在自己身上。

## 第十一章 如何向孩子讲述最大的不幸

通常,创伤在年龄较小的儿童中会表现为不断地问一系列纠缠不休的问题。"孩子会把相同的问题重复几十遍,用这种方式安抚自己,反复琢磨关键信息,理解其中蕴含的决定性特征。" 美国家庭治疗专家 H. 华莱士·戈达德(H. Wallace Goddard)说。我们作为家长必须带着耐心和爱心,不厌其烦地回答孩子的这些问题。

### 凯瑟琳的故事:得肿瘤的日子

爱尔兰作家凯瑟琳·桑顿(Catherine Thornton)讲述她的经历时说:"当得知我得了肿瘤时我 45 岁,我的三个孩子分别是 20 岁、17 岁和 7 岁。我突然就诊断出得了乳腺癌,之前一点征兆都没有。当时我最担心的事就是该怎么把这个噩耗告诉给我最小的儿子马修。

"他非常担心,很想知道发生了什么事,而且我也瞒不住他。因为疾病的症状非常明显:化疗后我开始掉头发,而且感觉非常累,根本没有力气再跟他玩了。

"因为害怕感染,我天天待在家里不敢出门;看到我不再跟朋友们见面了,马修问我为什么。最后我决定诚实地面对他,跟他清楚地谈一谈,开诚布公地回答他的问题。我记得曾经读过性教育的书上说,不要解释那些孩子们没有问你的问题,同时诚实地回答他们提出的问题。我就照这样做了。

"接着我要去手术了。我需要在医院里住一段时间进行

如何教出好性格的孩子

乳房切除手术，他们会取走我身体的一部分。我感觉心都碎了。手术后我从医院回到家时，由于化疗的原因我掉光了所有头发，不得不戴上了假发。这对我来说非常难熬。但是至少跟我的孩子们，我还是能把这件事变成一个游戏来对待。比如有人按门铃的时候如果我没有戴假发，马修和我就会比赛，看谁最先拿到假发，我们笑得开心极了。那时我明白了，其实比起面对现实，孩子们更害怕的是不知道真相。

"当马修看到我能平静地面对我的病时，他自己也就安心了。'如果对爸爸妈妈来说是可以的，那我也可以接受。'我尽力让他和我们的生活保持得像往常一样。

"化疗的时候我们告诉他，做这个治疗后的3～4天我会感觉非常不好，但是之后情况就会变好，直到下一次治疗。所以在这几天我们仍然可以一起玩，但是会跟平时有点区别。这样马修就安心了，因为他知道接下来会发生什么。

"现在我康复了，但每次我出门或我感觉不舒服时，他都会担心地看着我：他知道了人会生病，甚至会死去。而且他在电视上、在学校等各种地方都听到过关于癌症的事情，他会把这个词汇与发生在他妈妈身上的事联系起来。他现在还是会问我很多问题，每次我去医院检查时他都会问我去哪里。

"但是我相信他也变得更加坚强了。从这个角度来说，他克服了一个其他人不必面对的困难。现在我身体很好，他知道了癌症也是可以被打败的。"

# 第十一章 如何向孩子讲述最大的不幸

> 凯瑟琳·桑顿在经历了癌症之后把她的经历写成了一本书,名字叫作 *A Small Child Dealing with a Big Problem*(《面对大问题的小朋友》)

## 让孩子安心的仪式

### 是信息还是巧合?

有一天我们在路上走着的时候,在地上发现了一块上面刻有字母 S 的木头。那天正好是奶奶赛琳娜(Serena)去世一周年的忌日,我们马上想到这是她向我们显现的方式,她让我们找到那个带有她名字首字母的木块,是在给我们传达一个信息,告诉我们她在我们身边。

我们仔细地把这个小木块清洗干净,从那时起它就一直保存在客厅里。

(马琳娜,12 岁)

儿童的思维是具体的:比起言语,他们更倾向于通过事件和情感来学习。他们并不像成人一样通过概念来认识世界,而是通过情感。因此,充满情感意义的仪式很能"治愈"他们。

跟妈妈说再见前亲一亲小手,睡觉前准备好明天要穿的衣服,爸爸在工作时给他们打电话,孩子们是通过这些小事情来分辨一天中不同的时刻的,对孩子来说这些小举动划分出不同的时间,让每天充满了仪式感，给时间涂上情感的色彩。

相反，对孩子来说"危急"的时刻，就是当日常的生活被打乱、需要他们重新适应新情况的时候。因为让他们安心的日常例行规律被扰乱了，中断了他们熟悉的、可以预测的那些事情，比如生活中每天上床睡觉、什么时候出家门、什么时候停止游戏……了解这一点可以帮助我们理解孩子看上去有些过分的、没有原因的、歇斯底里的和无法解释的行为，可能是由于生活中发生了他没有预测到的微小变化而导致的。

因此，通过每天固定时间稳定重复的事情来调控好孩子一天生活的节奏非常重要：闹钟的时间，三餐的时间，洗澡的时间，游戏的时间，睡觉前的仪式，等等。通过这种方式，孩子就会逐渐习惯遵循内心的时钟，保持或恢复生活的秩序。

日常生活中的这些小仪式可以帮助孩子"主宰"现实，这样他们就不会感觉自己稀里糊涂地从一种状态被拖进另一种状态而看不出其中的缘由了。

# 参考书目

E. Albert, L. Chneiweiss, *A tu per tu con l'ansia*, Sansoni, Firenze, 1993

E. Anderson, G. Redman, C. Rogers, *Come sviluppare l'autostima del bambino*, red!, Milano, 2001

M.H. Appley, R. Trumbull, *Psychological Stress*, Appleton–Century–Crofts, New York, 1997

R. Brooks, S. Goldstein, *Raising Resilient Children*, Contemporary Books, Chicago, 2001

P. Cramer, *The Development of Defense Mechanisms*, Springer Verlag, New York, 1991

B. Cyrulnik, *Il dolore meraviglioso*, Frassinelli, Milano, 2000

B. Cyrulnik, *I brutti anatroccoli. Le paure che ci aiutano a crescere*, Frassinelli, Milano, 2002

R. Gregory, *Enciclopedia Oxford della mente*, Sansoni, Firenze, 1991

B. Hourst, *Dai, che ce la fai!*, red!, Milano, 2014

A. Oliverio Ferraris, *La forza d'animo*, Rizzoli, Milano, 2003

G. Preuschoff, *Come capire e superare le paure dei bambini*, red!,

Milano, 1998

T. Reich et al., *The familial transmission of primary major depressive disorder*, in 'Journal of Psychiatric Research', 21, pp. 613-624, 1987

C. Rogers, *On Becoming a Person*, Constable, Londra, 1961

M. Rutter, *Resilience in the face of adversity*, in 'British Journal of Psychiatry', 147, pp. 598-611, 1985

P. Santagostino, *Crescere un bambino sicuro di sé*, red!, Milano, 2011

M. Seligman, *Come crescere un bambino ottimista*, Sperling & Kupfer, Milano, 2006

S. Stiffelmanm, *Genitori mindful*, red!, Milano, 2015

C. Thornton, *Why Mum? A Small Child Dealing with a Big Problem*, Veritas Publications, Dublino, 2005

G. Vaillant, *The Wisdom of the Ego*, Harvard University Press, Cambridge, 1993

I. Wiemann, *Quanto essere sinceri con i figli?*, Erickson, Gardolo (TN), 2006